負ける力

東尾 修
Higashio Osamu

インターナショナル新書 131

まえがき

247敗は251勝の礎

「247」——この数字は、私が投手として積み重ねた「負け」の数で、日本プロ野球では歴代4位の記録である。勝利数はというと「251」で、かろうじて負け数を4つ上回っている。

言うまでもないが、「負けてもいい」などと考えてマウンドに上がったことは一度もない。私は投手としては小柄で、大谷翔平《おおたにしょうへい》や佐々木朗希《ささきろうき》のようにプロの打者を圧倒できる速球も持っていなかった。「どうやったら負けないか」を人一倍考え、工夫と努力を重ねることで、20年にわたって数々の強打者たちと渡り合ってきた。それだけに、1敗の悔しさも人一倍だった。

自信を粉々に打ち砕き、限界を思い知らされながら重ねてきた敗戦の一つひとつを、今の私は誇りとともに思い返すことができる。なぜならそれは、「私に251の勝ち星を与え、優勝の美酒を何度も味わわせてくれた礎《いしずえ》」にほかならないからだ。

1969年、高校を卒業してドラフト1位で入団した九州の西鉄ライオンズは、50年代の黄金期はすでに過去のものとなり、低迷期の入り口にいたチームだった。私自身、プロで通用するようなスピードもコントロールも持ち合わせていなかったが、球界のみならず日本全体を揺るがせた「黒い霧事件」のために主戦級を失ったチームでは、打たれても打たれても投げ続けるしかなかった。

力が足りないことを誰よりも知りながら、先発投手としてマウンドに上がり、援護射撃も受けられず、つるべ打ちに遭う。だからといって、「負けて当然」などとはどうしても思えず、力不足を補う術《すべ》を求めて試行錯誤を重ね、やがて何とか強打者たちと渡り合うことができるようになった。

負けに鍛えられたからこそ続けることができた

しかし、西鉄ライオンズは経営悪化から身売りを行い、1973年に太平洋クラブライオンズ、77年にクラウンライターライオンズと名前を変えていった。「ライオンズ」という名前だけは存続したものの、私がプロ入りしてからの九州時代の10年間で3位が一度だけ、あとはすべてBクラスの低迷にあえいでいた。

それでも私は、75年と78年にシーズン23勝を挙げるなど、7シーズンで2桁勝利を記録した。一方で、10年間での勝敗は128勝144敗と、16も負け越している。通算成績が4つ勝ち越しになっているのは、チームが西武に売却され、79年に埼玉県所沢市に本拠地を移してからの10年間で20勝の貯金を作れたからだ。ただ、もし九州時代の経験がなければ、これほどの成績は挙げられなかっただろうし、もっと早く現役を退いていたと思う。

実際、若い頃の私は30歳を過ぎたら引退しようと考えていた。それでも弱小球団にあって勝とうと懸命にあがいていたからこそ、体力面での衰えを知恵と技術でカバーすることができたのだと思う。その原動力は、負けることへの耐え難い悔しさにほかならなかった。

若き頃の「負け」に鍛えられたからこそ、80年代に黄金期を迎えた西武ライオンズにあっても、その中心メンバーであり続けることができた。裏返せば当時のライオンズは、過去の実績以外これといって突出するもののない投手に、ローテーションの一角を任せるようなチームではなかった。

努力のともなわない勝利に価値はない

最近、教育や社会から「勝ち負け」の要素が排除されているように感じることが多い。運動会のかけっこでも、「一等」「二等」という言い方はせず、勝負ではなく一人ひとりが日頃の努力の成果を見せる場となっている、という話を耳にする。

半面、ことに子どものスポーツでは勝利が過度に重視され、体の小さな子や発育の遅い子は出場機会を与えられず、成長が早く能力が高い子は酷使され、そのために故障や障害を抱えるジュニア選手が増えているとも聞く。少年野球でも、指導者が勝ちたいばかりに選手にバントを命じ、低学年からサインを覚えさせ、ストライクが入るように投手にセットポジションを強《し》いる、そんな指導を何度となく目にした。

子どもは、大人のミニチュアではないし、自己満足の道具でもない。私にはそんな指導は、まったくのナンセンスに思える。

どうも「勝ち負け」の扱いがアンバランスになっている、そんな気がしてならない。勝ち負けは人間の優劣を意味するものではないし、その後の人生を決定づけるものでもない。勝利そのものに価値があるわけでも、敗北がその人の価値を下げるわけでもない。

ではどこに価値があるのか。それは自分を信じ、勝利を目指して努力し、工夫を重ねることにあるのだろう。努力のともなわない勝利に価値を見いだすことなど、私にはできない。

誰にでも勝つ権利と、負ける権利がある。「負け」こそが、その人を成長させる糧《かて》となり、その負けの悔しさを乗り越えるためには「勝利」の味を知る必要がある。勝ち続けるだけ、負け続けるだけの人間に、成長のチャンスはめぐってこない。

人から成長の機会を奪うような勝利至上主義に、私は明確に反対する。しかし、社会から勝ち負けの要素を排除し、見た目だけの平等を重んじる向きにも、疑問を感じる。正面から勝ち負けと向き合い、負けから何かを摑《つか》むことを称賛する機運こそが、人々を成長させ、自分自身を乗り越えさせるのではないだろうか。

負けが持つ「力」

負けるということは、大なり小なりの挫折であることは間違いない。それは人を奮い立たせるばかりではなく、むしろ心を打ちのめし、再起への道を断とうとする傷になることもあるだろう。私の選手時代はとにかく負けに立ち向かうことばかり考えていたので、そのようなことは思いもしなかった。

しかし、監督としてチームを率いてみると、考え方が変わった。屈強な精神を持っているように思える選手でも、一つの負けから歯車が狂いだし、ついに元には戻らなくなる。そんな選手を何人も目にすることになった。指導者としては、あまりにも辛《つら》く歯がゆく、自らの無能を噛《か》みしめるほかなかった。

そんな経験から私は、負けから何かを学び、何かを得るためには、それなりの思考と技術が必要ではないかと考えるようになった。そうであれば、私の247度の負けも、何かの教材になるかもしれない。

ましてや、私が西武ライオンズの監督を務めた95年からの7シーズンは、80年代黄金期からの転換を果たす時期と重なり、苦汁を嘗《な》める場面も少なくなかった。監督としての

425の敗北もまた、負けが持つ「力」を伝えるものになりうるのかもしれない。そんな思いから、私は筆を執った。

すべての負けに潜む「価値」は、見かけだけの「勝ち」よりもずっと尊い。私はそう信じている。

目次

係／ケンカ投法の始まり／インスラの発明／稲尾さんのビンタ／負け犬集団の中で／球団の身売り／盟友・加藤初／新球団誕生――バイト（！）する選手たち。弱小貧乏球団の悲哀は続く／「西鉄の象徴」がチームを去った日／エースたちの調整法／サラリーマンと変わらない拘束時間／九州時代最大のチャンス／勝てないチームのエースとして何をすべきか？／幸運なキャリア／「人寄せ策」の不発と再度の身売り／サイン、クセ、そして盗塁王との駆け引き／「寝業師」の時代――九州時代の終焉

第3章

常勝軍団の一員として――西武時代

30歳を前にしての単身赴任――福岡から埼玉へ／新球団・広い新球場での船出／屈辱の開幕8連敗／勝ち始めた西武／根本監督――寝業師の素顔／将来の大投手――工藤公康の強硬指名／広岡監督との確執、そして勝利の美酒／リリーフで摑んだ日本シリーズMVP／監督への怒りが生んだMVP／巨人との死闘／広岡監督が初めて放った冗談／巨人を破っての2年連続日本一／江夏と広岡監督の確執／200勝を達成／猛虎旋風と広岡時代の終わり／森監督就任／絶対に逃げるな――乱闘事件のあとも投げ続ける／初めて日本シリーズの先発マウンドへ／日本シリーズ第8戦に突入／二度目のMVP。そして思わぬ落とし穴／ライオンズ一筋で引退

第1章　負けで始まった人生——プロ入りまで

「ピッチャーとしては手も小さく、指も短い。ただし関節は柔らかいので、プロに入ってからもシュートやスライダーの習得であまり苦労したことはないが、フォークボールのように挟む球種は投げられなかった。とはいえ、誰だって身体に合ったスタイルを身につけるしかないのだから、ハンディキャップだと感じたことはない」

教えすぎることへの違和感

河原や空き地でやる三角ベース、ご多分に洩《も》れずそれが野球人生の始まりだった。上級生も下級生も交じって、軟式テニスボールと竹バットで、日が暮れるまで夢中になってやっていたものだ。ポジションも順繰りに交代するから、ピッチャーがやりたいとかサードがいいとか、考えたこともなかった。作戦も何もあったものではない。でも、それで野球が好きになったことは間違いない。

今、孫の野球チームに手伝いに行くと、バントだのエンドランだの、監督がサインを出すことに驚いてしまう。私は必要とは思わないが、それでも小学5、6年生にやらせるのは、まだ理解はできる。しかし、2年生や3年生にもバントやエンドランのサインを出す。どう見ても、野球の専門技術を身につけられるような体力や理解力があるとは思えないし、この年代でそれをやらせることが将来的にプラスになるとも思えない。キツい言い方かもしれないが、指導者の自己満足に子どもたちが付き合わされているように映るのだ。

脱線ついでにもう一ついえば、ピッチャーがことごとくセットポジションで投げるのも気になる。おそらく、そのほうがコントロールが良くなるのだろうが、体全体を使うことを先に覚えないと、あとからは修正できなくなるだろう。はじめは体を大きく使い、体ができてくるにつれて細かい技術を習得していくのが理にかなっているはずで、細かいことを先に覚えてから、そのあとで体全体を使おうとしても、手遅れになる可能性が高い。

そもそも、大きく育つか小兵《こひょう》になるか、小学生の段階でわかるはずもない。全員が甲子園を目指すわけでも、プロ野球を目指すわけでもないのだから、入り口ではまず楽しさを教えて、野球を好きになるような練習をしてほしいと思う。

短い右腕のエース

私自身は中学で野球部に入り、初めてユニフォームを着た。すぐにレギュラーになれたわけではないが、いろいろなポジションを練習する中で、ピッチャーとして見込みがあるということになった。ただ、中学に入ってすぐに右腕の肉離れをしてしまい、半年ほどまったく右腕を使えない時期があった。そのため右腕だけ成長が止まり、今でも右腕は左腕よりも1~2センチほど短い。それがピッチングに影響したかどうかは、自分ではわからない。

ついでにいえば、ピッチャーとしては手も小さく、指も短い。ただし関節は柔らかいので、プロに入ってからもシュートやスライダーの習得であまり苦労したことはないが、フォークボールのように挟む球種は投げられなかった。とはいえ、誰だって身体に合ったスタイルを身につけるしかないのだから、ハンディキャップだと感じたことはない。

プロ野球選手になれた理由

当時の中学野球は、現在のように試合数や大会数が多いわけではなかったが、それでも2年、3年と投げ続けるにつれて、少しずつ自信もついてきた。

ある時、箕島《みのしま》高校の近くで試合をすることがあり、翌年から監督に就任する尾藤公《びとうただし》さんが試合を見に来ていた。その試合での私のピッチングが印象に残ったらしく、直々《じきじき》に箕島高校への誘いを受けた。その時、すでに京都の平安《へいあん》高校（現・龍谷大《りゅうこくだい》平安高校）への入学を決めており、下宿も決め、布団を送り、仕送り用の口座まで作っていた。私自身も平安高校に行きたかったのだが、尾藤さんの誘いは熱心で、とくに初孫を手元においておきたいと願う祖父母には、強く響いたようだ。

結果、突然の進路変更となったが、平安高校には池田信夫《いけだのぶお》という左腕の好投手が同じ年に入学したので、平安高校へ行っていたら私はピッチャーにはなれなかっただろう。偶然の縁と尾藤さんの指導があったからこそ、私はプロ野球選手になれたのだと思う。野球に限らず、このような運命のあやというようなものは、これまでの人生で何度か起こっている。

1年生は基本的に球拾いだが、合間にピッチャーの練習もさせてもらえた。初めて硬球で野球をし、恐怖感も相当にあったので、球拾いを嫌だと感じたことはない。1年上の先輩に良いピッチャーがいたので、2年秋まではエースになれなかった。それよりも上級生の練習についていくのに必死で、エースになりたいなどと考える余裕もなかった。どちらかといえばバッティングのほうが自信もあり、大学ではサードをやりたいとぼんやり考えていた。

猛練習をする意味

練習中の水飲みは厳禁、隠れてドブの水でも飲んでバレようものならケツバットなどという風潮は、現在の常識からすれば「厳しい」「ありえない」ということになるのだろう。ただ、私はそれ以外の練習風景を知らなかったので、当時厳しいと思ったことはあまりなかった。

初めて自分に厳しく練習を課すようになったのは、甲子園を目指せるようになった3年生からだったと記憶している。結局のところ、どんなにチーム練習が厳しかろうが、自分で意識しないと猛練習も意味をなさないということははっきりと言える。

数えてはいないが、投球数はおそらく1日100球程度だったのではないか。ただし休みはないので、1週間で700球は投げることになる。

初めての甲子園出場

エースで四番として出場した2年生の秋季近畿大会では、1回戦の東山高校(京都府)と準々決勝の甲賀《こうか》高校(滋賀県、現・水口《みなくち》高校)をノーヒットノーランで抑えた。2回のノーヒットノーランで全国的にも注目されるようになり、自分としてもプロ入りを意識し始めた。

しかし平安高校との決勝戦では池田信夫との投げ合いの末に敗れ、準優勝に終わった。ただし、この成績により、翌春の全国選抜高等学校野球大会への出場が認められた。箕島高校にとっては初の甲子園だった。

1968年春の選抜ではあれよあれよと準決勝まで進み、埼玉の大宮工業高校と対戦した。2回までに3点を先制するものの、相手エースの吉沢敏雄《よしざわとしお》さんに抑えられ追加点を奪えず、8回に逆転されて3対5で敗退した。結局、大宮工は決勝も勝ち、優勝した。「自分たちが準決勝で勝っていたら、どうなっていたか」とも思うが、夏の県大会では2回戦で負けているだけに、チーム力の面でいえば、まだ本物ではなかったのかもしれない。

尾藤監督はそのあとに甲子園で四度の優勝を果たしたが、2011年に亡くなるまで1968年のチームが最強だったと話していたという。

ちなみに選抜では2回戦まで五番、準々決勝からは四番を打って15打数7安打1本塁打という成績だった。当時はまだ木製バットで、高校野球に「経済的理由」で金属バットが導入されたのは6年後のこと。ホームランはなかなか打てない時代の成績である。

4日の試験を2日でギブアップ

県大会が終わったあと、私は慶應義塾大学のセレクションを野手として受けた。箕島高校出身の後援者が東京・赤坂に居を構えており、そこに泊めてもらって、当日は大きな外車で横浜・日吉の慶應グラウンドまで送ってもらうはずだった。ところが、日吉までの道中、その外車が高速道路でガードレールに衝突する事故を起こしてしまい、1時間も遅刻してしまった。

もうこれはダメだろうと思ったが、打席に立たせてもらうとレフトフェンスのはるか向こう、民家の屋根に何度も直撃させてみせた。どうだ、と内心胸を張ったが、実技試験が終わると英語の試験が待っていた。まったく聞かされていなかった。ほかの受験生の鉛筆の音が響くなか、何もできなかった。しかも翌日は英作文の試験で、完全にお手上げ。4日の試験を2日でギブアップしてしまった。

結局のところ、「打者・東尾修」の野球人生はこれで終わりを告げている。現在、ロサンゼルス・エンゼルスの大谷翔平選手が、投打の「二刀流」でメジャーリーグを席巻《せっけん》している。その姿を見ていると、「彼のようにできた」とまでは思わないが、可能性を追い求められる彼に若干の羨望を覚える。

強打者・東尾、プロ入りへ

慶應義塾大学のほかには、法政大学からも特待生の話が来ていた。法政大学の練習を見に行くと、長身の江本《えもと》孟紀《たけのり》さんが投げていて、その時の強烈な印象は今も忘れられない。ちなみに平安高校の池田さんは、秋のドラフトで東京オリオンズ（現・千葉ロッテマリーンズ）から3位指名を受けたものの拒否し、法政大学から大昭和製紙へと進んだ。不思議とすれ違う縁である。

法政への進学も考えたが、大学で再び「1年生」となり上級生にしごかれるのが嫌で、プロに入りたいと思うようになった。実際、いくつかの球団から指名の意思表示を受け、1位指名をほのめかした球団もあった。

しかし、ドラフトで指名したのは、自分とは縁もゆかりもない九州を本拠地とする西鉄ライオンズだった。1位指名は光栄だったが、青天の霹靂《へきれき》としか言いようがなかった。両親も祖父母も「東京や大阪ならともかく九州なんて」と大反対である。しかも、両親は私にみかん農園を継がせるつもりだったので、なおさら猛反対だった。

だが私は、一刻も早くプロ入りしたいと考えていた。だから、家族を説得してプロ入りを決めたのである。1位指名という名誉に、重みを感じていたこともあった。契約金は1000万円、年俸180万円でプロ野球のピッチャーとして歩みだすこととなった。

第2章　負け続けた新人時代

「常勝軍団であれば先発などできなかっただろうし、とうの昔にクビになっていてもおかしくはない。キャリアの前半は弱いチームで勝てなかったからこそ、勝つことに貪欲になれたのだ」

「青天の霹靂！」の西鉄入団

西鉄からの1位指名は、まさに青天の霹靂《へきれき》だった。また、和歌山のみかん農家の息子にとって、九州は地の果てのように遠く感じられた。とはいえ、とくにひいきの球団もない私には、1位で指名されるということはただただ名誉でしかなかった。

当時の西鉄といえば、まずは鉄腕と謳《うた》われた稲尾和久《いなおかずひさ》さんである。入団会見のあと、スカウトが稲尾さんの自宅に連れて行ってくれて、応接間で待っていると和服姿の稲尾さんが現れた。とても31歳とは思えない貫禄と恰幅《かっぷく》だったが、7年目までに200勝を達成するなど華々しい成績とは裏腹に、登板過多がたたり、すでに肩を壊して久しかった。翌年に稲尾さんは現役引退するので、選手としての稲尾さんとは1年しかともに過ごしていない。

プロの練習はきつかった。5～6年先輩にあたるピッチャーたちと同じ量の走り込みをこなすのは、かなりしんどく感じた。寒い中でのタイヤ引き、ウサギ跳びなど、今では考えられないような練習メニューだったが、何をやってもレベルの違いを見せつけられる。とんでもないところに来たものだと思った。

ピッチャーは走り込みがすべて

最近は「野球選手に走り込みは不要だ」と言う人も多い。確かにやみくもに長距離走をする必要はないのかもしれないが、私は自分自身の経験から、とくに投手は「スパイクの歯で土を掴む感覚」が求められると考えている。そのためには、ジムでランニングマシンの上を走るのではなく、トレーニングシューズで芝の上を走るのでもなく、金属の歯でしっかりと土を掴みながら走らなければならない。

現在の軽量化されたスパイクとは違い、昔のスパイクは革も歯も重く、まるで「農具を足に履いている」かのようだった。それで何度となくダッシュトレーニングを繰り返したからこそ、どんな土質、どんな傾斜のマウンドでも、プレートを使って下半身から力を伝えるフォームを身につけることができた。

400勝投手の金田正一《かねだまさいち》さんはロッテオリオンズ（現・千葉ロッテマリーンズ）の監督時代、選手にものすごい量のダッシュトレーニングを課していた。通算で500を超えるイニング数を投げ抜いた自身の経験から、そのような過酷なトレーニングを行っていたのだろう。

本書でもたびたび触れることになるだろうが、私が西武ライオンズの監督時代にドラフト1位で獲得した松坂大輔《まつざかだいすけ》は、メジャーリーグに移籍後はトミー・ジョン手術を受けるなどひじや肩の故障に悩まされ続けた。

おそらく、メジャーの硬いマウンドで股関節を痛めたせいで上体だけで投げる形になり、上半身の故障が頻発するようになったのだと私は見ている。それくらい、ピッチャーにとって下半身の柔軟さと強靱さは生命線となるのだ。

レベルの違いを見せつけられた長崎県島原市での初めての春季キャンプは、20年にわたってピッチャーをやっていくための礎を得た期間だった。現代の合理的なトレーニング方法や正しいコンディショニングの知識はもちろん必須だろうが、今の選手はかつてのアナログな鍛え方から学ぶべき点も多いのではないだろうか。

回り道のようでも、選手生活を終えて振り返れば最短ルートだった、ということも大いにありえるだろう。

投手失格、野手転向を申し出る

1969年（1年目）
8試合15回　0勝2敗　防御率　8・40
チーム成績　51勝75敗4分　勝率0・405　5位
——1年目はついに1勝もできずに終わった。

島原でのキャンプを終えて、69年3月8日の平和台球場でのオープン戦が私の初登板だった。相手はONを擁《よう》する巨人で、王貞治《おうさだはる》さん、長嶋茂雄《ながしましげお》さんのほかにも、65年〜73年のV9を支えた有名選手がごろごろいた。昨年まで高校生だった私にとって、とても現実のこととは思えなかった。先発し、3イニングを2安打2四球で無失点。ONには長嶋さんに、四球を一つ与えただけという内容で、開幕も一軍で迎えることができた。

公式戦初登板は平和台球場での近鉄バファローズ（現・オリックスバファローズ）戦、先発の池永正明《いけながまさあき》さんがノックアウトされて2対5で負けている状況の8回表だった。1回

3分の0を、打者8人に3安打3四球1失点。ずいぶんとランナーを出したのに1点で済んでいるほうがおかしい、そんな内容だった。

二度目は6日後、後楽園球場での東映フライヤーズ（現・北海道日本ハムファイターズ）戦で、やはり8回に敗戦処理として登板した。しかし、すぐに二者連続四球で交代させられ、そのまま二軍行きとなった。

二軍のウエスタン・リーグでも打ち込まれ、すっかり自信をなくした。何が足りないのかと言われれば、すべてだった。ノーコンで、高校では通用したストレートも簡単に打ち返される。もともと大学ではバッターとして勝負しようと考えていたこともあって、ピッチャーでやっていくのは無理だと感じていた。

夏頃には、二軍投手コーチに野手転向を申し出たが、「今年いっぱいはピッチャーでやれ」という返事だった。無理だと思いながら投げていたところ、再び一軍に引き上げられ、8月15日の南海ホークス（現・福岡ソフトバンクホークス）戦（平和台球場）で初先発を果たす。

この試合では6回まで1安打無失点に抑えていたものの、7回に二者連続四球を出して降板、二番手の稲尾さんが打たれて初勝利とはならなかった。

結局この年は1勝もできず、8試合で2敗、防御率8・40という成績に終わった。やはり投手には見切りをつけて野手転向を申し出ようと思っていた矢先に、西鉄のみならず球界全体を揺るがす大事件が起こった。

「黒い霧」の衝撃

1969年10月、先輩選手の数名が八百長に関与していたことが新聞で報じられた。まさか、と思ったが八百長の中心人物とされた永易将之《ながやすまさゆき》さんが失踪し、11月28日にプロ野球界から永久追放処分となる。いわゆる「黒い霧事件」だ。

年が明けても事件の経過は連日報道され、キャンプ、オープン戦と進むなか、重大さは次々と増すばかりだった。

シーズンは開幕したものの、70年5月25日に与田順欣《よだよしのぶ》さん、益田昭雄《ますだあきお》さんと池永正明さんにも永久追放処分が下された。池永さんは下関商業高校から鳴り物入りで入団すると、1年目から20勝した伝説の名投手だ。2年目以降も23勝を2回達成するなど5年間で99勝、防御率も69年の2・57を除けばすべて2点台前半という、押しも押されもせぬ若き大エースで、稲尾さんの後継者と見なされていた。

ちなみに池永さんの同期には、のちにプロゴルファーに転向した尾崎将司《おざきまさし》（当時は正司）さんもいたが、池永さんを見て「とても太刀打ちできない」と思い、野球を諦めたと聞いたことがある。

池永さんは世話になっている先輩から八百長をもちかけられ、断りきれずに受け取った金を押入れにしまっていたのだという。刑事事件としては不起訴処分に終わったものの、日本野球機構は依頼金を返さなかったことや機構に通報しなかったことを重く見ての処分である。与田さんや益田さんも「池永を自分たちと同じ処分にすることはない」と涙ながらに訴えたが、覆ることはなかった。

強心臓の大エース――池永正明

池永さんの身長は175センチで、投手としては小柄な部類に入る。だが、全身のバネがすこぶる強靱で、運動能力はプロ野球選手の中でも群を抜いていた。走るのもとにかく速く、何をしても器用にこなしてしまう。何せ、実働ほぼ5年の投手が通算13本のホームランを打ち、時には六、七番にラインナップされるほどだから、今でいう大谷翔平並みの二刀流である。そして何よりも、気持ちの強さが素晴らしかった。

のちに西武ライオンズで野村克也《のむらかつや》さんと同僚になった時に、新人時代の池永さんの話を聞かされた。南海時代のノムさんとの対戦で、バッターボックスのノムさんとキャッチャーがなにやら言い合いになった。マウンドを降りてきた池永さんに、ノムさんは「若造、帰れ」と言い放ったのだという。

すると池永さんは、初球をノムさんの頭の上に投げ込んだ。たまらずノムさんは身をかがめる。2球目、今度は足元にワンバウンドさせると、ノムさんは飛び跳ねてかわす。3球目は再び頭の上。動きの俊敏でないノムさんを、ルーキー投手がおちょくって見せたわけで、ノムさんはこの度胸と技術に心底驚き、感心したらしい。

後年、「お前の内角攻めは池永に教わったんだろ」「あいつはたまらん。あの根性。それだけの技術を若いのに持ってるし、こんな大ベテランに対して攻めてくるし、あいつはすごかった」と言われたこともあった。

池永さんは球も速かったが、いわゆる剛球投手ではなく、抜群のコントロールとキレ、そして強心臓から来る投球術で打ち取るタイプだった。だいぶ衰えていたとはいえ稲尾さんも同じタイプで、私にとっては学ぶところが多い二人の大投手だった。変化球も多かったが、かわすための変化球ではなく、あくまでも打ち取るための強気な投球だった。ただ、私が入団した頃の池永さんは、新人時代からの酷使がたたり、すでに肩を壊してしまっていた。投球練習はほとんど見たことがなく、お灸《きゅう》を据えている姿が強く印象に残っている。

池永さんとの師弟関係

池永さんには入団当初から、何かと目をかけてもらった。私の入団発表の日も、スカウトの人に「来てくれ」と言われたとかで、ゴルフのプレー中にもかかわらず駆けつけてくれた。「お前が投げていて勝っていたら、俺がリリーフしてやる」と約束してくれたのを覚えている。とにかく言動すべてがカッコよかった。

長崎県島原でのキャンプでも、よく一緒に練習させてもらった。肩を痛めていたので、たまにしかブルペンでは投げず、22歳の若者がずっとお灸ばかりしているのは、やはり異様だった。それでも、69年は18勝11敗の好成績を挙げてしまうのだから恐ろしい。ただ、その前年、前々年と23勝を挙げた池永さんにしてみれば、不本意なシーズンだったに違いない。

翌年は5月までに9試合に投げて4勝3敗、防御率2・60と並のピッチャーなら好成績でも、68年まで2点台前半の防御率を誇ってきた池永さんとしては、やはり本調子とはほど遠い内容だった。そして70年5月25日に永久追放処分が下され、若き大エースの野球人生は終わってしまった。

追放後、しばらくして池永さんは福岡の中洲で小さなカウンターバーを始めた。球団からは行かないように言われていたが、私はこっそりと通っていた。池永さんとは野球の話ばかりしていた。態度には見せないようにしていたが、野球への情熱はずっと失っていなかったのだと思う。それだけに、心中は察するに余りある。

私はまだ高校を出たばかりの若造だったから、黒い霧事件のことは何もわからなかった。ただ、当時やその後に出た報道や、いろいろな人の話を聞いても、池永さんは先輩から八百長をもちかけられて、断ることもできず、渡されたお金もあとで返そうと預かっていただけのようだ。

親会社が西武になり埼玉に移ってからも、福岡ダイエーホークス（現・福岡ソフトバンクホークス）との試合の際はいつも池永さんのバーを訪ねた。池永さんもダイエー戦はテレビでよく試合を見てくれていて、言葉は少なくても思ったことを言ってくれた。

もし池永さんが解説者として活動できていたら、ピッチャーについてどんなことを語ったのだろう。言葉を交わしながらしばしば想像した。若い時にあれほど気の強かった人も、晩年はすっかり優しいおじいちゃんになっていたが、解説となれば言葉の端々にかつての厳しさが現れたのだろうか。一度でいいから聞いてみたかったと思う。

稲尾さんや豊田泰光《とよだやすみつ》さん、大橋巨泉《おおはしきょせん》氏や小野《おの》ヤスシ氏などによる復権運動も長く続けられた。その甲斐もあって、2005年にようやく処分が解除されたが、あまりに遅すぎたと思う。黒い霧事件以前にも野球選手の賭博事件や、暴力団との関与もあり、それらとの縁切りに必死だった日本野球機構により、いわば見せしめにされてしまったのだろう。

もし池永さんへの処分が1、2年の出場停止くらいで済んでいれば、間違いなくいくつもの記録を塗り替えていただろう。真っ直ぐな人柄に触れれば、誰だって彼が野球賭博などに関わるはずがないこともわかる。

「神に誓っていい。八百長はしていない。もう親孝行ができなくなるのか」と絶叫した23歳の若者の選手生命が断たれたことで野球界が失ったものは、あまりにも大きかった。

2022年9月、長く体調を崩されていた池永さんは、ひっそりとこの世を去っている。

ケンカ投法の始まり

1970年（2年目）
40試合173回3分の1　11勝18敗　3完投　防御率5・15
チーム成績　43勝78敗9分　勝率0・355　6位
——初勝利を挙げ、11勝を記録するが、18敗もしてしまう。
防御率も5点台だ。

ただ、主力選手がごそっといなくなってしまったことは、若手選手にとってはチャンス以外の何物でもない。もはや野手転向を申し出る状況ではなく、2年目は173回3分の1を投げた。1年目の15回の10倍以上である。

チームは黒い霧事件で完全に崩壊した。5月に最下位に転落すると、勝率が2割台にまで落ち込む時期もあった。かつて西鉄を率いた近鉄の三原脩《みはらおさむ》監督には「西鉄で星を稼ぐ」とまで言い放たれたが、実際に他球団はみなそう考えていたに違いない。新監督の稲尾さんに辛い思いをさせるのは心苦しかったが、先発三本柱の河原明《かわはらあきら》さん、三輪悟《みわさとる》さん、私といずれも昨年の実績がほとんどない投手ばかりであった。打線も主要メンバーで2割5分を超えたのは基満男《もといみつお》さん、アーロン・ポインター、カール・ボレスの三人のみでは、稲尾さんでもどうすることもできない。

私自身の11勝18敗、防御率5・15という数字は誇れたものではないが、右も左もわからないまま投げていたルーキーイヤーと違うのは、負けることを本気で悔しいと思うようになったことだ。仲間たちとも、時に酒を酌《く》み交わしながら話すことは「どうすれば勝てるのか」ばかりだった。

まだ若手だった頃、野球の話をする仲間は二人いた。71年に千葉の安房《あわ》高校から日本軽金属を経てピッチャーとして入団した1歳下の豊倉孝治。そして福岡の小倉高校から早稲田大学に進み、太平洋クラブライオンズになってからの74年に入団したキャッチャーで同じ年齢の楠城徹《くすきとおる》である。

豊倉は公式戦では3試合しか登板できずに76年に引退したが、その後はスコアラーとして西武の80年代黄金期を支えた。もう一人の楠城は、肩は弱かったがインサイドワークが巧みで、ライオンズの正捕手だった時期もある。西武では出場機会にあまり恵まれなかったが、引退後は九州地区担当のスカウトとして手腕を発揮した。

この3人の間では、飯を食べても酒を飲んでも野球の話ばかりしていた。そんな会話の中から生まれたのが「インスラ」、インコースのボールゾーンから曲がって、ストライクゾーンに入ってくるスライダーだ。今でいう「フロントドア」だが、当時はそんな呼び名もなかったし、誰も投げていなかった。

当時（72〜73年）の投手コーチは、1950年代に活躍した河村久文《かわむらひさふみ》（のちの英文《ひでふみ》）さんだった。現役時代はサイド気味のフォームから強気に投げ込むシュートを持ち球に、シーズン25勝を挙げたこともある。

72年に入団してくる加藤初《かとうはじめ》さんと私は、河村さんに徹底的にインコース攻めを叩き込まれた。シート打撃で甘いコースに投げると、ノックバットのグリップエンドで頭をコーンとやられることもしばしばだった。

こちらは駆け出し、打者はベテラン、コントロールに自信のない小僧の分際で、大先輩たちの胸元に投げ込むのは怖くてしかたがなかったが、投げないとこっぴどく叱られる。そうやって少しずつコントロールを磨いていった。

インスラの発明

投手が軸足を置くプレートは61センチ、それに対してホームベースは43・2センチと、左右に約18センチの差がある。このゾーンに角度をつけてボールを投げ込めれば、打者の眼には外角はさらに遠く、内角はさらに近くボールを錯視させることができる。内角を怖がってすぐ腰を引いてしまう打者は当時もよくバカにされていたが、そういう打者ほどインコース攻めの効果は大きい。18センチの差の中で、さらにスライダーやシュートで変化をつけられれば、その効果はもっと大きくなる。

しかし、当時のスライダーはストライクゾーンからボールゾーンに曲げる球種だった。ただ、その球筋だと、本当に良いバッターはボールを捉えてしまう。ところがインスラは、選球眼が良いバッターほど反応しづらい。良いバッターはストライク・ボールの見極めが早いので、ストライクゾーンに入って来る時にはすでに判断が終わっており、とっさに反応できないからだ。

当時は阪急ブレーブス（現・オリックスバファローズ）の黄金期でもあった。不動の一番である福本豊《ふくもとゆたか》さんが塁に出ると、その足であっという間に無死二塁、一死三塁という状況を作られてしまう。そこで迎える中軸の右打者、長池徳士《ながいけあつし》さんや大橋穣《おおはしゆたか》さんといった面々からできれば三振を奪いたいが、私のストレートでは彼らから空振り三振を奪うのは容易ではない。何とか見逃し三振か、詰まった内野ゴロを打たせたい、そんな発想から生まれたのがインスラだった。

インスラはインコースを怖がるバッターほど有効だ。体ギリギリにストレートを投げれば、そのようなバッターは腰が引ける。それよりもさらに体に向かってくる軌道でインスラを投げれば、さらに怖がるので手が出ない。ただ、当時はそこまでコントロールに自信がなかったので、土井正博《どいまさひろ》さんや張本勲《はりもといさお》さんのような偉丈夫《いじょうぶ》が多いパ・リーグで、インコースに投げるのは怖くてしかたがなかった。

もう少しストレートが速ければ、インスラを編み出すこともなかっただろう。もちろんスライダーが決め球だとしても、ストレートを意識させないとスライダーで打ち取ることはできない。

しかし、とくに不利なカウントであればあるほど、私のストレートの被打率は高くなる。西武ライオンズ時代に、現役最晩年の野村克也さんからも「お前をリードする時に一番むずかしいのは、ストレートを投げさせるタイミングだ」と言われたことがある。

右バッターへのインスラと同じ軌道で、左バッターに投げ込むのも有効だった。これはアウトコースから外角ギリギリのストライクゾーンに入ってくるボールで、今でいう「バックドア」にあたる。ただし、バッターにとっては体の遠くを通るボールなので、さほど恐怖は感じられない。フロントドアのようにバッターの腰を引かせることは難しいので、ギリギリのところから変化させなければならない。

イメージとしては、ホームベースの前方ではなく奥から曲がってくる球筋だ。五角形のホームベースの斜めになった部分からストライクゾーンへ入れていくようなイメージが必要だが、甘くなれば簡単に打たれる球だった。これもまた、空振りではなく見逃しを取らなければならない。

　この頃の私には、変化する軌道まで操れるほどのコントロールがなく、痛い目にもたくさん遭った。ただ、投げるコースの意味と軌道のイメージを摑めたことで、引退するまでの素地を作ることができたと思う。

　ちなみに、我々の高校時代は皆コントロールが良くなかったので、「とにかくアウトコースに投げろ」と教えられたものだ。ところが現代の高校球児はコントロールが良く、佐々木朗希を挙げるまでもなくプロ入りする頃にはほとんどのピッチャーがインコース攻めの感覚を身につけている。

　バッターから見ても、腕を伸ばして打つことのできるアウトコースよりも、インコースは打ちにくい。同じことは高低についてもいえて、時速150キロを超えるストレートであれば腕を伸ばすスペースのある低めよりも、高めのほうが打ちにくい。インコースと高め、どちらも少し甘くなればホームランボールではあるが、今の野球においては「困ったらアウトロー」という考え方は過去のものになりつつある。

稲尾さんのビンタ

このシーズンにはもう一つ忘れられない思い出がある。10月18日の最終戦、大阪スタヂアムでの南海戦に先発した私は、3回もたずにノックアウトされてしまった。

試合後、私は3年目の河原さん、1年目の柳田豊《やなぎだゆたか》とともに宿舎の監督室に呼ばれた。監督室に入った我々は、稲尾さんから「おまえらは何を考えとるんだ！」と年齢順に往復ビンタを見舞われた。稲尾さんが我々3人に大きな期待を寄せていることはわかっていた。だから殴られてシュンとはしたくなかったので、私は顋を突き出して稲尾さんを睨《にら》み返した。

1984年に私の200勝達成記念パーティーが開かれた際に、稲尾さんはスピーチで「もっと殴ってみろと自分から顔を突き出したのは後にも先にもこの男だけです」とこのことに触れている。稲尾さんは、日頃は本当に選手思いの優しい人だったが、心の芯にいつも熱いものがたぎっていた。

負け犬集団の中で

１９７１年（３年目）
51試合２２１回３分の１　８勝16敗　３完投　防御率３・75
チーム成績　38勝84敗８分　勝率０・３１１　６位
——勝利数の２倍負けたが、防御率は３点台に。

のちに「インスラ」と呼ばれることになるボールの獲得により、３年目は８勝16敗と大きく負け越しながらも防御率は３・75だった。先発ローテーションの一角を担う面目《めんぼく》は立つ、そんな成績になってきたと思う。51試合登板はリーグ最多で、投球回数も２００イニングを大きく超えて、巨人から移籍してきたベテランの高橋明《たかはしあきら》さんとローテーションの中心を担うことができた。

ただ、この年も稲尾さんにこっぴどく怒られた試合があった。南海戦の延長戦でリリーフとして登板したものの、外角ばかりを投げ続けて勝ち越しを許してしまったのである。

稲尾さんから烈火のごとく怒鳴られ、ベンチで一人涙した。高橋さんと防御率は0・02しか違わないのに、高橋さんは14勝で私は8勝という結果になったのは、まだインコースを攻めるだけのコントロールがなかったことが大きい。

当時の西鉄は、優しい稲尾さんが時に発破をかけてもチームは鳴かず飛ばずだった。この年、東映の高橋善正《たかはしよしまさ》さんに完全試合を、近鉄の鈴木啓示《すずきけいし》さんにはノーヒットノーランを喫している。身売りの噂《うわさ》は絶えず、2年連続最下位も当然という内容だった。

チームの雰囲気は良くなかったが、だからこそこの3年間、本来であれば任せてはもらえない地位を与えられ、必死に歯を食いしばることができたのだと思う。常勝軍団であれば先発などできなかっただろうし、とうの昔にクビになっていてもおかしくはない。キャリアの前半は弱いチームで勝てなかったからこそ、勝つことに貪欲になれたのだ。

球団の身売り

1972年（4年目）

55試合309回3分の2　18勝25敗　13完投　防御率3・66
チーム成績　47勝80敗3分　勝率0・370　6位
――チームの勝ち星の3分の1以上、自己最多の18勝を挙げる。
ただ、その一方で25敗もしてしまう……。

4年目の72年の成績は18勝25敗で防御率3・66と、プロの投手としてやっていけるという手応えを、少しずつ感じられるようになってきた。

ただし、シーズン開幕前のオーナー会議で、西鉄の木本元敬《きもとげんけい》オーナーは球団経営からの撤退を宣言している。譲渡先がなかなか見つからないなか、手を挙げたのはロッテオリオンズのオーナーである中村長芳《なかむらながよし》氏だった。

72年10月、木本オーナーは中村氏への球団譲渡を発表する。中村氏はロッテのオーナーを辞し、レジャー産業企業の太平洋クラブをスポンサーに福岡野球株式会社を設立する。

球団名は「太平洋クラブライオンズ」となり、太平洋クラブは資金提供を行うものの球団経営には関与しない、いわゆるネーミングライツ方式の経営体制が取られることとなった。

黒い霧事件以来、チームは3年連続最下位に沈み、観客動員も過去最低となっていた。西鉄ライオンズは完全に赤字球団と化し、72年シーズン前のオーナー会議でも木本オーナーから事実上の球団譲渡宣言が出ていたため、いざ身売りとなってもあまりショックはなかった。自分自身も曲がりなりにも18勝できたことで、どこに行ってもある程度はできるという自信もあった。

盟友・加藤初

この年にドラフト外で入団してきたのが、ライバルにして盟友の加藤初さんである。ドラフト外といっても、巨人、中日、ヤクルト、南海、東映など、多くの球団がドラフト指名を希望したものの、所属していた大昭和製紙には同年にヤクルトから6位指名を受ける安田猛《やすだたけし》がおり、会社が「同時に投手二人は出せない」と指名を拒否したためで、実力はドラフトにかかるに十分だった。

初さんは大昭和製紙に辞表を叩きつけ、西鉄と巨人から誘いを受けたそうだが、弱小の西鉄のほうが「よりチャンスがある」と考えたらしい。試合中は常にポーカーフェイスで「鉄仮面」という愛称でも知られる初さんだが、内面には熱い反骨心が渦巻いている、そんな男だった。彼のルーキーイヤーは17勝16敗、防御率3・95でオールスターゲームにも出場と、新人離れした成績を残している。

初さんと野球の話をしたり、投球技術について語り合ったりしたことはほとんどなかった。それでもウマは合ったし、互いに対抗意識と同盟意識が常にあったと思う。遠征先のホテルではよく二人でトランプをした。お互いに負けず嫌いで「やめよう」とは言い出さないので、夜通しやることもしばしばあった。

ある年の夏、数日後に神宮球場で行われる日本ハムとのダブルヘッダーを控え、投手コーチだった江田孝《えだたかし》さんから「どっちが先に投げるかお前たちで決めろ」と言われたことがあった。なんでそんなことになったのかは覚えていない。しかし初さんと私は、ダブルヘッダー前夜も夜通しトランプで勝負してしまった。

一睡もしないまま球場入りし、第1試合は初さんが2安打1失点で完投勝利を挙げる。鉄仮面は私を見てニヤリと笑みを浮かべた。

こちらも負けてはいられない。第2試合は私が4安打2失点で完投勝利。最高のライバル関係だった。

初さんは私と違いストレートが速く、フォークもよく落ちたが、それ以上に実にクレバーなピッチャーだった。バッターのデータをよく見るだけでなく、データの背後にある空気や雰囲気のようなものを、的確に掴む聡明さがあった。

初さんは76年に関本四十四《せきもとしとし》・玉井信博《たまいのぶひろ》とのトレードで、伊原春樹《いはらはるき》とともに巨人に移籍した。実は私にも移籍の打診があったのだが、ライオンズのスポンサーになっていた廣済堂印刷株式会社（現・株式会社広済堂ホールディングス）の社長である櫻井義晃《さくらいよしあき》さんと懇意にしていたため、私ではなく初さんがトレードされることになった。

初さんはもともと巨人ファンでもあったので、大いに奮起するところがあったようだ。巨人に移籍した76年4月の広島戦では、ノーヒットノーランを達成している。その後も重要な試合での勝負強さが際立ち、87年の日本シリーズで対戦した時も、西武は大いに苦しめられた。

彼の野球人生は、肺門リンパ腫で半年以上も入院したり、右肩の血行障害で左足の血管を右肩へ移植するバイパス手術を受けたりと、怪我や病気が多く常に満身創痍《そうい》だったが、90年に引退するまで球速はさほど落ちなかった。投球術のみならず、リハビリやトレーニングについてもしっかりと目標を定め、頭を使っていたのだろう。

引退後、私が西武の監督に就任した際には、堤義明《つつみよしあき》オーナーに頼んで彼に投手コーチになってもらった。韓国や台湾の球団でもコーチを務め、国内・国外で多くのピッチャーを育成している。SKワイバーンズ（現・SSGランダース）で韓国シリーズ制覇に貢献し、2012年、15年にも韓国球界から要請があったようだが、その時にはすでに病気が進行してしまっており、コーチ就任は実現しなかった。

16年に直腸癌で死去した際の、長嶋茂雄さんの「監督1年目だった1975年の最下位から、翌年に初優勝できたのは『初っちゃん』の活躍があってのものでした。とにかく球が速く、そして私は『鉄仮面』と呼んだのですが、ピンチでも表情を変えずに投げ抜く姿が印象的でした」という追悼コメントは、心からの言葉だったと思う。大エースではないし派手さもなかったが、見る人に強い印象を残すピッチャーだった。

新球団誕生――バイト（！）する選手たち。弱小貧乏球団の悲哀は続く

> 1973年（5年目）
> 48試合257回3分の1　15勝14敗　14完投　防御率3・29
> チーム成績　59勝64敗7分　勝率0・480　4位
> ――ついに、勝ち星が負け数を上回った。

この年から、パ・リーグは前期・後期制となった。新生太平洋クラブライオンズは開幕から5連勝、4月終了時点で10勝3敗の首位と好スタートを切った。しかしチーム力の弱さは隠せず前期は4位、後期は5位。新球団誕生と開幕好スタートによる「太平洋ブーム」は、半年ともたなかった。

球団経営に行き詰まっていた西鉄では、選手もさまざまな面でお金の苦労を強いられた。とはいえ18歳で入団し、ほかのチームを知らないので、それが普通のことだと思っていた。たとえば西鉄、太平洋、クラウンを通じて、私は年金に加入していない。西武に来て、

初めて給料から年金保険料が天引きされることを知った。ただ、用具店でグラブやスパイクを購入すれば請求書が球団に送られてきて天引きされたし、寮費もやはり天引きされていたので、天引きという制度がなかったわけではなく、年金にかかる手間やコストを球団が惜しんでいたのだろう。

今のプロ野球では、ローテーションを守る先発投手は、自分が登板しない試合ではベンチ入りせず、遠征にも帯同せず本拠地での調整が認められていることが多い。しかし、当時は先発投手がリリーフすることも多かったのでそんなルールはなく、基本的には全員ベンチ入りしていた。ただ、それを嫌がる選手も多く、江藤慎一《えとうしんいち》さんが監督になった75年からは数千円の「ベンチ手当」がつくことになった。そのわずかなベンチ手当でさえ前借りを申し込む選手も多かったので、当時の選手の懐具合が窺えるというものだ。

西鉄最終年の1972年に入団し、クラウンの最終シーズン78年まで在籍した若菜嘉晴《わかなよしはる》は、シーズンオフの練習のない日は酒屋でバイトしていたそうだ。加藤初は喫茶店でコーヒーを淹《い》れていたと聞いたこともある。

身売り後、それまで12カ月に分割して支払われていた年俸が、米マイナーリーグよろしくシーズン期間中の1月～10月での分割に変わった。そのせいで、年末年始になると懐具合が厳しくなり、年俸の低い若い選手は苦しい生活をしていたようだ。九州時代は練習グラウンドもなかったので、大学グラウンド、市営グラウンド、時には消防署のグラウンドまで借りて練習していたが、そこまでの交通費も自前だったので、若手選手はなるべく安く済む乗り換えルートを探していた。

私の1年目の年俸は180万円だったが、その年は0勝2敗だったので、翌年の年俸は上がらなかった。先述したが、リードしたまま稲尾さんに繋《つな》いで逆転された試合があったので、稲尾さんに冗談めかして「おかげでえらい給料下がりました」と軽口を叩いたこともある。

その頃、大卒初任給は5万円くらいだったと思うが、私の手取りは寮費などを引かれて12万円くらい。夢のような金額ではないにせよ、勝てば20万円ずつくらいは年俸が上がるという目処《めど》もあり、18歳の若者には十分な夢があった。まあ、西武時代に優勝の味を知り、「プロの野球選手としての本当の夢は金ではない」ことも知るのだが。

年俸を上げたければ、投手は勝つしかない。1972年のように25敗しても、18勝すれば年俸は大きく上がる。負ける悔しさよりも投げる喜び、勝利のうれしさが常に勝っていた。自分自身で「そこまでのピッチャーではない」と思っていたので、勝つことのうれしさはひとしおだったし、どうやったら勝てるかばかりを考えていた。

とにもかくにも、九州時代のライオンズの財政は厳しく、遠征時も最寄り駅から球場までの移動は、自腹でたどり着かなければならない。とくに78年に監督に就任した根本陸夫《ねもとりくお》さんは、プロ野球選手といえども一社会人たるべしという考え方から、真夏でもジャケット着用での移動を選手に命じた。移動手段は各人に任せていたので、年俸の高い選手は冷房の効いたタクシーで移動できるが、若手はそうはいかない。そのあたりで上昇志向を煽《あお》るのも、深謀遠慮の根本さんらしい。

「西鉄の象徴」がチームを去った日

1974年（6年目）
27試合123回　6勝9敗　7完投　防御率3・44

チーム成績　59勝64敗7分　勝率0・480　4位
――故障がちで6勝どまり。不本意なシーズン。

4月末に二軍落ち、6月に一軍復帰してもしばらくはリリーフ登板が続くなど、故障もあり思うようにいかないシーズンだった。

チームはメジャーで二度も本塁打王になり「怪物助っ人」と騒がれたフランク・ハワードが加入したものの、開幕から2日後には右ヒザの故障により休養、結局復帰することはなくわずか1試合の出場で帰国した。代わりにかつてピッツバーグ・パイレーツで首位打者を獲得した俊足巧打のマティ・アルーを獲得し、3割はマークしたものの得点力不足は隠しようがなかった。勝敗数から引き分け数まで前年とまったく同じ数字の4位でシーズンを終え、稲尾さんは責任を取って監督を辞任した。

豊田泰光さんが「稲尾は西鉄そのもの」と言ったように、鉄腕稲尾はライオンズの象徴であり、チームの苦境で誰よりも泥水をすすった人だった。しかし、稲尾さんの「24」は九州時代に永久欠番になることはなく、2012年になって埼玉西武ライオンズによってようやく制定された。

もし稲尾さんが巨人や阪神のエースだったら、こんな扱いにはならなかっただろう。よく「人気のセ、実力のパ」などと言われたが、パ・リーグの球場はどこも閑古鳥が鳴いていた。スタンドで子どもが走り回っていたり、下手《へた》をするとバーベキューセットを持ち込んでいたりする観客もいたほどだった。

そのため、パ・リーグの選手のセ・リーグへの対抗心は並々ならぬものがあった。オールスターゲームのベンチでも、ノムさんや張本さんがパ・リーグの投手に「打たれるな、この野郎」などと声を浴びせかける場面もしばしばだった。セ・リーグのベンチではまったく見られない光景だったはずだ。

後輩世代でも、落合博満《おちあいひろみつ》（元々はパ・リーグのロッテの選手だったが）に真っ向勝負を挑んだ伊良部秀輝《いらぶひでき》や野茂英雄《のもひでお》、また桑田真澄《くわたますみ》からホームランを打ってみせた清原和博《きよはらかずひろ》など、お祭りなどという雰囲気ではなくプライドをかけて戦う緊張感があったものだが、最近のオールスターゲームにそんな空気はない。しかたがないとはいえ、寂しさは拭いようもない。他球団の選手と一緒に自主トレを行うのも当たり前の昨今、仲良く切磋《せっさ》することは良いとしても、もう少しライバル意識をたぎらせてほしいものだとは思う。

エースたちの調整法

当時は、今のプロ野球選手よりも豪放磊落《ごうほうらいらく》な部分があったので、選手の私生活にも目を光らせる根本さんにとっては、矯正したい部分がたくさんあったのだろう。たとえば夜の街から球場に直行して試合をした、といった話もよく耳にしたものである。確かに現代のように栄養、休養、トレーニングメニューにいたるまで綿密に管理されていたわけではなく、ウサギ跳びのように今ではご法度《はっと》の練習メニューもあった。

それでも私が見たプロ野球選手はみな繊細な神経の持ち主で、稲尾さんのような酒豪であっても、登板の2日前あたりになると神経を尖《とが》らせていた。二日酔いで登板することなど、皆無とは言わないまでも限りなくゼロに近い。

西鉄に限らず、山田久志《やまだひさし》さん、村田兆治《むらたちょうじ》さん、鈴木啓示さん、高橋直樹《たかはしなおき》さん……大投手はみな繊細でストイックだった。村田さんは登板数日前から同じものを食べて、同じ時間に眠る。

山田久志さんが日本シリーズで登板する際は、昔はデーゲームだったので早く寝ようとするが、神経が昂《たかぶ》って寝つけない。「酒でも飲むんですか」と聞くと、そんなことはせずに我慢して、眠れないなら眠れないままそのハンディキャップをバネに試合に臨むのだという。それくらいの繊細さと強情さがないと、やはり大成できないのだ。

年齢の問題もある。若い時であれば、前日に焼肉など胃もたれするものを食べてもいいのかもしれないが、30歳を超えると、そうもいかない。消化吸収の良い食事を心がけないと、長いイニングを投げることができなくなる。自然と節制せざるをえないし、それができない者は長く現役を続けることができない。

サラリーマンと変わらない拘束時間

今との大きな違いは、ほとんどの選手がタバコを吸っていたことだろう。現代でもタバコを吸う選手はいるが、シーズン中でもキャンプ地でも吸える場所は限られている。そのため、かなり肩身の狭い思いをしているようだ。

私は20歳からタバコを吸い始めた。といっても、日に10本も吸わない。試合中は、5回が終わるとグラウンド整備に入るので、そこで1本の半分くらいを吸っていた。これを急いで1本吸うと、やはりその後の投球に支障が出た。リフレッシュに半分吸うのがちょうどよかった。

試合の日の過ごし方も、昔と今とではかなり違う。ホーム球場のナイターの場合、現在の野手のほとんどは10時くらいには練習を開始しているだろう。

打者は調子が悪ければ早出特打をするのだが、ピッチャーはシーズン中に投げ込みをするわけにはいかない。だから早く球場入りするピッチャーは、マッサージやストレッチなどのコンディショニングを行う。私の場合は、性格としてそんなに長く球場にはいられなかった。14時の全体練習開始に合わせて行き、自分なりのルーティンワークをこなす。17時20分に最後のトイレを済ませてベンチに入り、17時40分にブルペン入り。ホームでもビジターでも、同じパターンを繰り返した。

何球投げるかは、その日の調子しだいだった。春や秋なら開始5分前まで、夏ならもう少し早く終えてアンダーシャツを取り替える。準備にかける時間は20~25分程度というところか。

試合が終わり球場を去るのは22時～23時なので、拘束時間でいえばサラリーマンとそれほど変わらないのかもしれない。

九州時代最大のチャンス

1975年（7年目）
54試合317回3分の2　23勝15敗　25完投　防御率2・38
チーム成績　58勝62敗10分　勝率0・483　3位
――23勝を挙げ初の最多勝獲得。防御率2点台も初めてだった。

稲尾さんに代わり選手兼監督となったのが、大洋ホエールズ（現・横浜DeNAベイスターズ）から移籍してきた九州出身の江藤慎一さんだった。江藤さんは性格に難ありとみなされた選手や峠を越えた選手など、他チームの「はみだし者」を自身も含め14人も獲得し、「山賊打線」と呼ばれる豪打のチームを作り上げた。

近鉄から土井正博さん、日本ハムから白仁天《はくじんてん》さんを獲得し、土井さんが34本でホームラン王、白さんが3割1分9厘で首位打者のタイトルを獲得している。

私は23勝15敗7セーブで最多勝と（なんと）最多奪三振のタイトルを獲得。78年にも23勝を挙げたが、振り返ってみれば私の記録の面でのキャリアハイはこの75年シーズンだったと思う。調子が良かったのは、三振の数の多さからも想像できるだろう。また、九州時代に優勝を意識した、唯一のシーズンでもあった。

そのほかにもドン・ビュフォード、基満男さん、竹之内雅史《たけのうちまさし》さんなどが活躍したものの、チームは後期に失速し58勝62敗10分で3位に終わった。しかも球団がメジャーからレオ・ドローチャー監督を招聘《しょうへい》しようとしていることが発覚し、シーズン終了後に江藤さんは退団を申し出て、ロッテに移籍してしまう。

勝てないチームのエースとして何をすべきか？

西鉄ライオンズの黄金期は、三原脩監督のもと日本シリーズ3連覇を達成した1956〜58年で、三原監督が去った60年以降は63年に中西太《なかにしふとし》選手兼監督でリーグ優勝を果たしたのみ。稲尾さんが42勝を挙げた61年でさえ、3位止まりだった。年によっては優勝争いに食い込みもしたが、黒い霧事件以降ははっきりと弱体化し、私自身も太平洋、クラウンを通じて優勝を意識したことはほとんどない。ほかのチームメイトも同様だったと思う。

そうなると目指すのは、一つでも多く勝ち星を増やすこと。当時の査定基準では、それ以外にピッチャーとしての評価が上がることはない。どんなに良い投球をしようが、防御率を低くしようが、先発投手は勝たないと評価されない。

75年は完投数も25とキャリアハイだったが、正直言ってリリーフが弱く、マウンドを譲ると勝ち星を消されてしまうので私も必死だった。とはいえ、ほかのピッチャーを蹴落としてやろうとか、そういった感情はなかった。野手はメンバーが固定されればレギュラーは8人しかいないので競争もあるが、この頃のライオンズは投手陣がそれほど強くなく、自分自身が頑張りさえすれば他人を蹴落とす必要もなかった。熾烈《しれつ》なポジション争いを繰り広げる野手とは、事情が違う気がする。

幸運なキャリア

九州時代は投げられる喜びが、金や名誉を手にすることよりも常に上回っていた。初めてプロ野球選手として優勝することに「強欲」になったのは、西武時代に優勝の味を知ってからだと思う。

そう考えると、自分のキャリアは幸運だったとも思う。たとえば山田久志さんは20代からチームとともに勝ちまくり、自身が衰え始めると阪急打線も弱体化していった。村田兆治さんは長い現役生活を送ったが、後半は優勝とは無縁のチームでひたすら自分の投球に集中していた。

私も九州時代はチームの打線が弱かったこともあり、なかなか勝つことができなかった。ただ、チームが弱かったからこそローテーションの中心でいることができたし、そうした経験があるからこそ、監督時代に勝てないピッチャーの苦しみを少しは理解できたのだろうと思っている。

1シーズンに25回も負けるとさすがに私もへこんだはずだが、そこで学んだ「負ける力」がいつかは野球人としての糧になっているというのは、自分でも面白く感じている。

「人寄せ策」の不発と再度の身売り

1976年（8年目）
43試合243回3分の1　13勝11敗　15完投　防御率3・19
チーム成績　44勝76敗10分　勝率0・367　6位
――チームは最下位、自身も平凡な成績に終わった一年。

監督に就任する予定だったドローチャーは、健康問題を理由に来日しなかったので、ヘッドコーチの鬼《き》頭《とう》政《まさ》一《いち》さんが監督に就任した。しかし結局、最下位に終わってしまい、スポンサーも太平洋クラブからクラウンガスライターへと変更になった。こうした経緯そのものが、当時のチーム体質を雄弁に物語っている。

この年は前後に背番号のついたアメフト型やワインレッドのカラーなど、ドローチャー就任を想定した奇抜なユニフォームが採用されたが、前後期とも最下位、奇抜さは虚しさにしかならなかった。

私自身は前年より10も勝ち星を減らしてしまったが、防御率は3点台前半で、チームの勝ち頭ではあった。ドラフト1位入団の古賀正明《こがまさあき》が11勝13敗と安定した投球を見せ、吉岡悟《よしおかさとる》が首位打者獲得と、若手の活躍に光明はあったものの、ゴタゴタ続きでチームとしてまとまる気配はなかった。

シーズン終了後、スポンサーがクラウンガスライターに変わり、チーム名も「クラウンライターライオンズ」に変わった。

サイン、クセ、そして盗塁王との駆け引き

2019年、メジャーリーグのヒューストン・アストロズが球場に設置したカメラを使って相手チームのサイン盗みをしていたことが発覚した。ベンチからゴミ缶を叩くなどして伝達していたことが判明し、制裁金500万ドルや1巡目、2巡目のドラフト指名権の剝奪、GM・監督の1年間の資格停止などの処分が科されたことは記憶に新しい。

また、2021年7月に阪神の二塁ランナーがキャッチャーのサイン盗みをしているのではないかとヤクルトの村上宗隆《むらかみむねたか》からクレームがつき、あわや乱闘という事態に陥ったこ

ともあった。

1975年頃のプロ野球は異様な時代に入っていた。この時代は、サイン盗みは当たり前、ベンチに盗聴器が仕掛けられることさえあったほどだ。そのためサイン交換は複雑化し、時間がかかるようになった。「乱数表」をグラブに縫い付けて、指で出した二つの番号が交差するところにある「サイン」に従って球種やコースを決めるなど、とにかくサイン交換に時間を費やし、試合時間も長くなる一方だった。念のために付け加えておくが、サイン盗みは当時から紛れもない反則行為である。

サイン盗みと少し異なるのが「クセ盗み」である。選手兼コーチとして阪急に再入団したダリル・スペンサーが1972年に退団する際、彼がピッチャーのクセや球種などを緻密に書き込んだ「スペンサー・メモ」を置き土産《みやげ》にしていったことをきっかけに、70年代の阪急はサインとクセの両面から相手チームを丸裸にする戦術を取るようになった。グラブの位置や角度などを、ピッチャーが細かく気にするようになったのはスペンサーの影響によるものだ。

私は試合中、福本豊さんによく走られた。ある時、スポーツ用品メーカーのミズノが契約を結んでいる選手を招いた宴会で、酔っ払った福本さんから「お前は牽制球を投げるのがわかる」と言われたことがある。

福本さんは大量のビデオを見て、ピッチャーのクセを研究していた。私の場合、牽制球を投げる時に身体が数センチほどホームベース側に傾いてしまうらしい。「お前は気持ちが出るから」と言われたが、福本さんはあとでこの話をうっかりしてしまったことを猛烈に後悔したそうだ。「酔っ払って立ち小便もできない」と国民栄誉賞の受賞を辞退した人らしい微笑ましいエピソードだと思う。

しかし、クセを教えてもらったところで、福本さんの盗塁は防げるものではなかった。こちらが自分のクセを逆利用して福本さんを引っ掛けようとしても見破られてしまい、かえっておちょくられてしまう。だからじっとして、二塁までは好きに走らせるようにした。また、ボークも盗塁も進塁には変わらないし、盗塁記録がつかない分だけ福本さんが嫌がるだろうとボークすれすれの牽制をするようになった。

二塁に福本さんがいる時は、あえて福本さんの足を狙って投げていた。当たれば暴投だが、福本さんも痛くて速くは走れないし、当たらなければタッチしやすいボールになる。

結局当てたことはなかったが、開き直れたことで後続のバッターとの勝負に集中しやすくなった。そのため、手を焼くことは多かったものの阪急との相性は決して悪くはなかった。

「寝業師」の時代――九州時代の終焉

1977年（9年目）
42試合241回3分の2　11勝20敗　17完投　防御率3・87
チーム成績　49勝73敗8分　勝率0・402　6位
――久しぶりの20敗。チームも連続最下位に沈む。

1978年（10年目）
45試合303回3分の1　23勝14敗　28完投　防御率2・94
チーム成績　51勝67敗12分　勝率0・432　5位
――記念すべき10年目のシーズン。

自己最高に匹敵する好成績を残す。

1977年は、72年に25敗して以来の20敗、被本塁打もリーグ最多の30本、失点もやはりリーグ最多だった。チームもあえなく2年連続最下位に終わったが、のちに阪神に移籍する若菜嘉晴《わかなよしはる》や真弓明信《まゆみあきのぶ》が台頭し、「左殺し」として常勝西武を支えた永射保《ながいたもつ》も9勝10敗6セーブと成長を見せるなど、次の時代への変化の兆しが見え始めた年だった。

シーズン後に鬼頭監督は退任、後任としてやってきたのが広島の監督だった根本陸夫さんだった。「球界の寝業師」と新生ライオンズの歴史は、ここから始まった。

根本新監督で迎えた78年シーズンも5位と、チームとしては上昇の兆しがなかった。ただ、私は3年ぶりに20勝を超える23勝14敗で、鈴木啓示さんと最後まで最多勝争いをすることができた。73年に入団した真弓明信がショートでベストナイン、2年目の立花義家《たちばなよしいえ》がライトのレギュラーに定着し、土井正博さんも打率3割3厘、ホームラン26本と力を存分に発揮した。しかしシーズン中から身売りの噂は絶えず、落ち着かないシーズンだった。

78年5月に廣済堂印刷は関東クラウン工業株式会社と対等合併し、廣済堂クラウン株式会社へと社名を変更し、ライオンズのオーナー企業となった。お世話になっていた廣済堂の櫻井会長からは正式発表される前に「西武の可能性がある」と聞かされていたが、その時は「西武」という会社を知らなかった。

10月12日、廣済堂クラウンはライオンズの売却と、埼玉県所沢市への移転を発表した。「所沢ってどこだ？」というのが最初の感想だった、西武鉄道グループである国土計画の堤義明社長（当時）がクラウンライターライオンズ球団を買収、チーム名は「西武ライオンズ」となり、東京・東池袋のサンシャイン60（当時、東洋一の高さを誇るビルだった）に球団事務所が置かれた。

根本さんは監督に留任しつつ、取締役管理部長も兼任し、編成から球団経営まで大きく関与することとなった。豊富な資金力を活《い》かし、ロッテから野村克也さんと山崎裕之《やまざきひろゆき》さん、阪神から田淵幸一《たぶちこういち》さんと大物選手を獲得し、失敗には終わったが77年ドラフトで交渉権を得た江川卓《えがわすぐる》の獲得に乗り出すなど、ストーブリーグではかなり派手に動いてみせた。田淵さんと古沢憲司《ふるさわけんじ》さんとの交換で、真弓明信、竹之内雅史さん、若菜嘉晴、竹田和史《たけだまさふみ》の４人が阪神に移籍し、チームの陣容は大きく変わった。

第3章　常勝軍団の一員として——西武時代

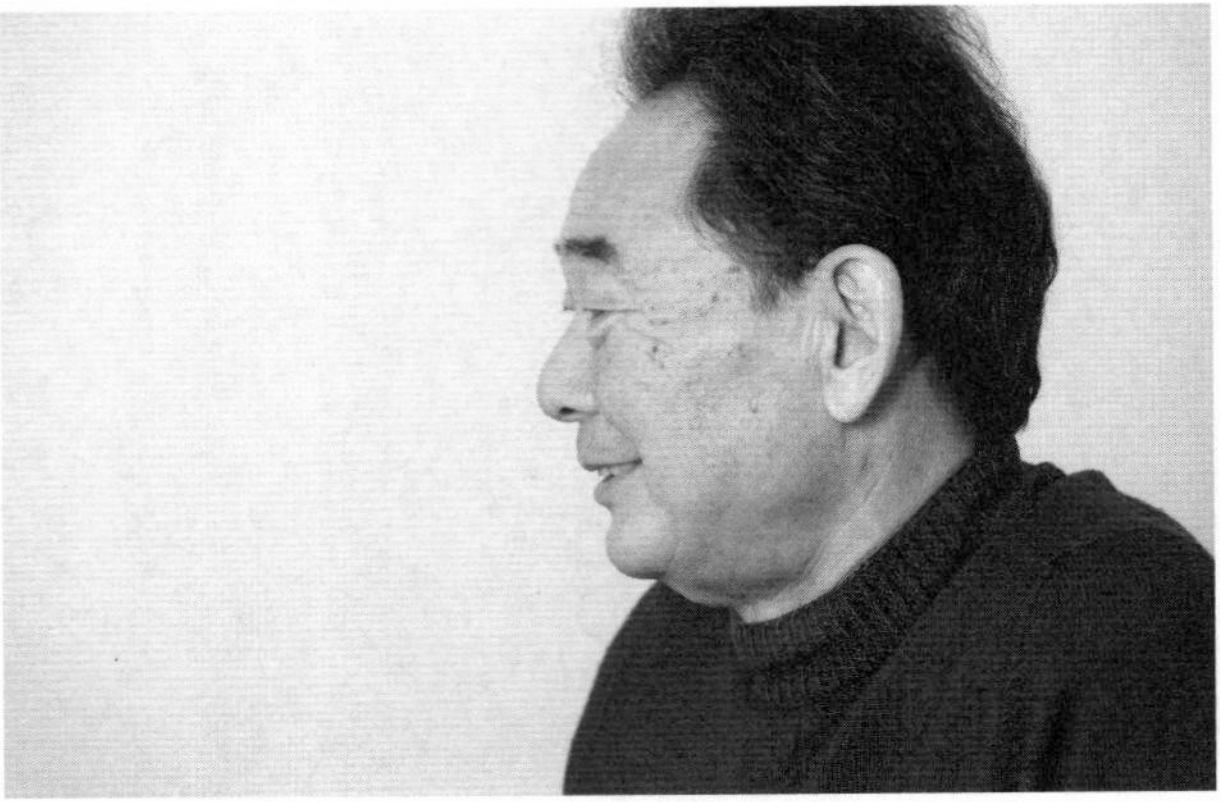

「この時点での負け星は214。弱小球団で優勝など考えもせず、『加藤初さんにだけは負けたくない』という一心で投げ続けてきた。それでも『勝ち星を増やさないと年俸も増えない』とがむしゃらにやっているうちに日本一を知り、200勝もできた。年俸も九州時代とは雲泥の差だ」

30歳を前にしての単身赴任――福岡から埼玉へ

まったく未知の土地への球団移転に、こちらは福岡に家を建てたばかりで迷ったが、ピッチャーとしてやれるのはあと3~4年と考え、単身赴任することにした。西武不動産に案内してもらった所沢は今のような賑《にぎ》わいもなく、ナイターが終わったあとに食事をする場所もなさそうだった。リリーフならともかく、先発投手は週に一度の登板なので、帰宅が少々遅くなっても問題はない。

当時の関越自動車道はまだ練馬から東松山までしか開通しておらず、新潟県・長岡まで開通する1985年までは渋滞することもほとんどなかった。そこで東京の目白にマンションを借りて、車で所沢へ通うことにした。

長岡までの開通後はさすがに道路が混みだし、アクセルとブレーキを頻繁に踏み換えるのがしんどくなってきたので、登板日だけは運転手を雇うようにした。運転手がいれば飲みに行っても車で帰ってこられるので、一石二鳥だった。

西武に入ってまず驚いたのは、球団事務所で礼儀作法を教え込まれたことだった。堤オーナーの意向だったのだろう。野村克也さんや土井正博さん、田淵幸一さんのような大物のベテランまでが「気をつけ、礼！」とやらされるのだ。はるか年下の社員にそれをやらされる野村さんなどは、すっかりふて腐れていたのをよく覚えている。

西武ライオンズ初年度は、シーズンインまでも異例づくめだった。西武球場は建設中だったので練習に使えないし、買収発表の時期が遅かったので、オープン戦参加のための会議にも出席できない。また国内キャンプ地の手配も対応できず、あと回しにされてしまった。

結局、キャンプは伊豆の野球場ではない場所で練習をしたあと、45日間にわたってフロリダ州のブレイデントンで行われた。ただ、メジャーリーグのチームに施設を使われていたこともあり、練習も試合もまともに行えなかった。

私は時差ボケの調整を考えてそのまま帰国したのだが、ほかの選手たちは帰国途中でハワイへ立ち寄り、サンディエゴ・パドレスと練習試合を行った。そうしたこともあり、チームの全員が帰国したのは、開幕の4日前だった。調整らしい調整もできないまま、新生ライオンズの79年シーズンが始まったのである。

新球団・広い新球場での船出

1979年（11年目）
23試合155回　6勝13敗　10完投　防御率4・53
チーム成績　45勝73敗12分　勝率0・381　6位
――不甲斐ない1桁の勝利数、そして再びの最下位。

開幕戦は4月7日、藤井寺球場での近鉄戦だった。先発した私は、8回を6安打、自責点2とまずまずの内容だったが、打線が沈黙し0対3で敗戦。そこから2つの引き分けをはさんでの、よもやの開幕12連敗となった。新球団の客寄せに大物を集め、田淵、土井、山崎、野村といった面々の打撃練習は壮観だったが、試合ではすっかり鳴りをひそめた。実戦的な選手編成とはほど遠く、守備もエラー連発、オープン戦すらこなしていないことの調整不足も浮き彫りとなった。

西武球場のこけら落としは4月14日の日本ハム戦だった。九州時代にホームとして使っていた平和台球場や小倉球場は老朽化していて、風呂場なども正直言ってかなり汚くほとんど使ったことはなかったのだが、ドジャースタジアムを参考に設計された西武球場は想像を超えた美しさで驚いた。

当時の外野スタンドは芝生席で、春にはその奥に桜が咲く。何より驚嘆したのは、球場の広さである。どの球場も両翼が88メートルから92メートル程度だった当時、両翼95メートル（ドーム化にともない99年に100メートルに拡張）はかなり広く感じられ、ピッチャーとしてはありがたかった。

ちなみに平和台球場が閉鎖されたのは1997年だが、その理由の一つに歴史的な遺跡が発見されたことが挙げられる。87年、平和台球場の改修工事中に、スタンドの下から古代の迎賓館ともいえる「鴻臚館《こうろかん》遺跡」が発見された。施設の老朽化と遺跡保全のために歴史公園としての再整備計画が策定され、97年に完全閉鎖となった。2019年に引退したイチローも、平和台球場でプレーした経験を持つ野球選手の一人である。

これまでの球場よりも両翼が3～7メートルも広い西武球場は、ピッチャーに与える心理的な影響としてはかなり大きなものがあった。たとえば落合博満のように毎年三冠王を狙える右打ちのうまいバッターは、状況によって打率、打点、ホームランと目標を変えてくるが、広い球場であればホームランの心配は大幅に減る。ヒットを狙いにくるのであれば、こちらは彼の思惑を外しにいけばいい。もちろん、それですべて抑えられるバッターではないが、割り切りができるのは心理的にだいぶ楽で、大胆に攻めることができた。

屈辱の開幕8連敗

私の西武球場初登板は4月16日の対日本ハム3回戦だった。完投したものの1対2で敗戦、チームは開幕8連敗となった。4月24日南海戦で松沼博久《まつぬまひろひさ》が先発し4対2で勝利、新本拠地初勝利がチームの今季初勝利となった。「兄やん」こと松沼博久は、このシーズン16勝を挙げ新人王となったが、私は6勝13敗、防御率4・53と不甲斐ないシーズンとなった。

8月9日を最後に登板機会もなく、投球回数も155回のみと先発の役目を果たせないまま終わってしまった。前年が23勝14敗、防御率2・94と、1975年に次ぐ生涯2番目の好成績だっただけに、歯がゆさを強く感じた。チームは前期6位、後期5位で通年最下位に沈んでいる。ただし観客動員数はリーグ1位と、新球場やさまざまな客寄せの工夫が実ってチームは所沢に根づき始めた。

この年は田淵さんと何試合かバッテリーを組んだが、キャッチャーとしては肩がだいぶ心もとなかった。西宮球場での阪急戦では、どうも田淵さんの捕り方がおかしい。センターから双眼鏡でサイン盗みが行われていた時期で、田淵さんとは簡単なサインしか決めていなかったのだが、それにしてもおかしいので2回が終わったタイミングで田淵さんに「サインわかってます?」と聞くと、「え、覚えとらん」との返事だった。

サインを忘れていたことにも驚いたが、そのあとのセリフがよかった。「バッテリーですらサインがわかんないんだから、相手も双眼鏡でのぞいていたところでわからんだろ。だから問題ない」

思わずずっこけてしまったが、私の球威は、サインがわからなくても捕れる程度のものなのかと、少しばかりショックでもあった。結局、田淵さんは翌年以降、1984年の引退試合までマスクを一度も被っていない。

勝ち始めた西武

1980年（12年目）
33試合235回3分の1　17勝13敗　18完投　防御率3・79
チーム成績　62勝64敗4分　勝率0・492　4位
――個人としては好成績、チーム成績も少しずつ上向く。

1981年（13年目）
27試合181回　8勝11敗　11完投　防御率3・83
チーム成績　61勝61敗8分　勝率0・500　4位
――再び1桁勝利に低迷。
チームは、3年目にしてついに5割をキープ。

1980年は田淵さんが43本塁打を打ち、山崎さんや土井さん、ジム・タイロンや立花義家も好調で、前期は最下位だったものの後期は残り11試合の時点で首位に立っていた。ところがマジック点灯直前で6連敗、結局は4位止まりとなった。私自身は17勝13敗、森繁和《もりしげかず》と松沼雅之《まつぬままさゆき》も2桁勝利を挙げ、チームとしての陣容はだいぶ整ってきた実感があった。

観客動員も2年連続でリーグ1位と、西武はすっかり地元のファンを取り込むことに成功したといえる。なお、この年に3000試合出場を達成した野村克也さんはシーズン終了とともに現役引退している。オフにドラフト1位で獲得した石毛宏典《いしげひろみち》、ドラフト外で獲得した秋山幸二《あきやまこうじ》と、黄金時代の主役たちへの世代交代も始まっていた。

81年は、個人としてはすべての成績で前年を下回り、負け越しで終わった不完全燃焼のシーズンだったが、新入団の石毛がシーズン終盤まで首位打者争いを繰り広げ、新人王を獲得。チーム成績は、前期は2位だったが後期は5位で通年4位、ただし通年でも勝率5割だった。

この年、「優勝できるだけの戦力を整えた」と、根本さんは監督を退任し、取締役管理部長に専念することとなる。新監督に白羽の矢が立ったのは、1978年にヤクルトを日本一に導いた広岡達朗《ひろおかたつろう》さんだった。広岡さんはヤクルト優勝時に一軍バッテリーコーチを務めた森昌彦《もりまさひこ》（現・祇晶《まさあき》）さんも、一軍ヘッドコーチとして西武に連れてきている。

根本監督——寝業師の素顔

どんなに負けが込んでも、根本さんは常に冷静だった。身売りでそのまま西武の監督となった時点から、自身の監督としての成功よりも、その先のことを見ていたのだろう。戦力を整え、お客さんを集めたところで自分は裏方に回り、常勝軍団を作る。そのような考え方をする人なのだと思う。

根本さんが管理部長に専念すると発表され、警戒を強めたのは他球団のフロントだった。監督兼任の立場でさえ、その人脈の広さと交渉術でもって、プロ拒否と言われていた選手を何人も獲得していたからだ。たとえば秋山幸二も八代高校のエースとして鳴らした選手で、九州産業大学入学が内定していると言われていたが、根本さんは大学関係者から秋山がプロ入りに傾いていると聞き、本人の希望する野手としての育成方針を示し、交渉をまとめている。

根本さんが球界にその「寝業師」としての本領を見せつけたのが、松沼博久・雅之兄弟揃ってのドラフト外での獲得だった。ドラフト外といっても実力不足で指名漏れしたわけではなく、博久のいる東京ガスに東洋大学から雅之も入社することが決まっていたと思われていたためだ。しかもこの78年は、江川卓をめぐる「空白の一日」の余波で巨人がドラフト会議をボイコットしている。

前年のドラフトで江川との交渉権を持っていたのはクラウンで、堤オーナーも江川獲得を強く希望したが、江川を翻意させることはできなかった。松沼兄弟をめぐる水面下での巨人と西武の戦いは、ある意味で遺恨試合だった。それを巨人よりも高い契約金を提示し、さらに二人揃っての一軍スタートを確約したことにより、松沼兄弟は西武入団に強く心を動かされたという。

80年夏の甲子園で、熊本工業高校の強肩強打のキャッチャーとして注目された伊東勤《いとうつとむ》の獲得でも、寝業師の本領が発揮されている。伊東は定時制のため、卒業資格にはあと1年の通学が必要で、他球団は卒業を待っての獲得を考えていた。

ところが根本さんは、伊東の後見人である熊本県議を通じて彼を説得し、所沢高校の定時制に転入させた。さらに転入と同時に、球団職員として採用するという荒業に出たのである。

伊東は昼間に社業と練習を行い、夜は高校へ通う。当然、他球団からは「ドラフト破りだ」と批判が巻き起こったが、81年に西武が伊東を単独で1位指名したことで、事態はあっさりと収まった。下位指名であれば他球団も指名した可能性はあったが、根本さんなりの筋の通し方だったのだろう。

将来の大投手――工藤公康の強硬指名

この年は伊東だけではなく、もう一人の隠し球が用意されていた。ドラフト6位指名された名古屋電気高校（現・愛知工業大学名電高校）の工藤公康《くどうきみやす》である。81年夏の甲子園でノーヒットノーランを達成した工藤だが、社会人野球の熊谷組入社が内定しており、各球団に内容証明郵便で「指名お断り」の通知を送っていた。社会人強豪とのトラブルは、どの球団も避けたい。しかし西武は指名を強行し、二転三転の末に交渉を実らせている。工藤と伊東の黄金バッテリーは、根本さんの荒業が生んだものだった。

ありとあらゆる方法を駆使する根本さんを見て、これがプロの世界なのかと思い知った。素顔の根本さんは親分肌で、引退後の選手に就職先を斡旋《あっせん》するほど面倒見がよかった。

こんなエピソードもある。根本さんが工藤ら新人選手を自宅に招き、割り下に牛乳を入れる根本家流のすき焼きを振る舞ったところ、ほかの選手は旨《うま》そうに食べたものの、工藤だけは周りがなんと言っても頑として「おいしくない」と言い続けたそうだ。次に選手たちが自宅に呼ばれた際、工藤にだけはステーキが出てきたという。当時の工藤の強い鼻っ柱を思い起こさせるが、それを面白がる度量が根本さんにはあった。

のちに根本さんには私自身、痛い目に遭わされている。94年11月に私が西武の監督に就任した際、前年に福岡ダイエーホークスの専務兼監督となっていた根本さんに、秋山や渡《わた》辺智男《なべとみお》をトレードで抜かれ、そのうえ石毛と工藤もFAで持っていかれたのである。工藤には「すみません。東尾さんが監督になることを1週間早く知っていれば……」と謝られた。私は工藤を引き留める自信があったのだが、我々より1週間早く動いた根本さんの離れ業に屈したかたちだった。

広岡監督との確執、そして勝利の美酒

1982年（14年目）
28試合183回3分の2　10勝11敗　11完投　防御率3・28
チーム成績　68勝58敗4分　勝率0・540　1位
――チームはついに初優勝を果たしたものの私の成績は平凡なものに終わった。

根本さんが集めた戦力に、広岡さんが技術と戦術を植え付け、森さんが成熟させる――この順序でこそ、西武が黄金期を築けたのだと思う。監督としての根本さんは放任主義に近かったが、戦力が整わない中での広岡管理野球はチームに深刻な軋轢《あつれき》を招いただろうし、広岡体制で憎まれ役を務めた森さんが監督になって気遣いを発揮したからこそ常勝軍団になれたのである。逆の順番での成功は考えにくい。

とはいえ、広岡さんは最初から強烈だった。就任早々に西武球場隣の中華料理屋での全体ミーティングで、チーム方針を語ったのだが、その最後に「このチームの一番の高給取

りは、走れない、守れない」とやったのだ。名前を言わなくても、田淵さんのことを言っているのは明らかだった。私や大田卓司《おおたたくじ》、石毛なども名前を出さずにこき下ろされた。

その時、選手たちの腹は決まった。何が何でも優勝して、胴上げの4回目で監督をわざと突き落とす——子どもじみた発想だが、本当にこれで選手たちの覚悟が決まったのだから、今にして思えば広岡さんの手のひらの上で転がされていたともいえる。

キャンプでは基礎練習の繰り返し、昼食は野菜スティックに玄米やスープ、夜も禁酒。田淵さんも私も差し入れてもらったビールをやかんに入れて、湯呑みに注いですするように飲んでいたが、うまくはない。せめてもの抵抗だった。

開幕投手は私ではなく森繁和だった。私は前年、肩を痛めて7月に二軍落ちしていたので、まあ、しかたがない。不平も言わず投げて初登板から4連勝を飾り、4月の月間MVPを受賞した。チームも5月11日に首位に立った。

広岡さんから私への「攻撃」が来たのはそのあとだった。6月2日の日本ハム戦、私は一塁ベースカバーに入った際に、その日急遽ファーストに就いた広橋公寿《ひろはしこうじゅ》の微妙な高さのトスをグラブの土手に当てて落としてしまった。試合も2対4で敗れたのだが、翌日の新聞には広岡さんの「負けりゃあいいんですよ、負けりゃあ。こんな試合で勝つなんて虫がよすぎる」「ウチのチームは勝つ方法がわかってきただけに、シラけることも覚えてきた。あれでチームがバラバラになってしまった」というコメントが載っていた。

球場に行くと、八木沢荘六《やぎさわそうろく》投手コーチが「きっちりカバーリングができるようになるまで投げさせないと監督が言っている」という。とても納得できる話ではなかった。しかし、私は優勝するために投げたかった。毎日カバーリングの練習を続け、中6日となる6月9日のロッテ戦に向けて万全の調整をした。しかし、先発は私ではなく柴田保光《しばたやすみつ》だった。試合は3対6で敗れ、11日、12日も連敗し首位陥落となった。この時、チームの雰囲気は最悪だった。

試合後、監督は「勝つためにどうすればいいか、みんなで話し合え。結論が出たら報告してほしい」と選手たちに伝えた。どういう意図があったのかはわからないが、ミーティングではみんなの不満が爆発した。ことに、選手と直接会話をしない監督に代わって、ワンプレーごとに細かく言ってくる森さんにその不満が集中した。首脳陣に対する反発が、結果として選手の団結力を高めたのだから、ひょっとしたら監督の狙いは奏功したのかもしれない。

6月13日、私は11日ぶりにマウンドに立ち、初回からどんどん飛ばしていった。しかし2対1で迎えた8回に逆転され、痛い黒星となった。しかし、すでにチームは最悪の状態を脱し、20日の南海とのダブルヘッダーに連勝して首位を奪回、そのまま2位に落ちることなく前期優勝を果たした。西武にとっても、私にとっても初めての優勝である。嫌なことはすべて忘れ、存分にビールかけを楽しむことができた。

後期は早々に優勝戦線から脱落した。すると監督は、後期優勝が濃厚な日本ハム、ことにその守護神である江夏豊《えなつゆたか》さんに照準を合わせた。江夏さんは全盛期を過ぎていたものの、変化球と投球術は健在だった。しかしフィールディングは苦手だったので、監督は野手にプッシュバントの練習を命じた。これが功を奏したのが西武球場でのプレーオフ第1戦、両チーム無得点で迎えた8回裏無死一塁の場面だった。

片平晋作《かたひらしんさく》さんが江夏さんと三塁手のあいだに見事に転がし、内野安打。そこで打席に立った大田がセンター前タイムリー、続く石毛もレフト前タイムリーで江夏さんをマウンドから引きずり下ろした。結局、7回からリリーフした私がそのまま抑えて6対0で先勝すると、短期決戦の流れを掴んだチームは、3勝1敗で82年のパ・リーグ覇者となった。私もリリーフで2勝を挙げることができた。

リリーフで掴んだ日本シリーズMVP

この年のセ・リーグは中日と巨人が熾烈な首位争いを繰り広げていた。どうせならば巨人と戦いたいと思ったが、逆転優勝を果たしたのは中日だった。

プロ14年目にして初めての日本シリーズで、私はやはりリリーフに回った。第1戦、第3戦、第5戦、第6戦と投げ、2勝1敗1セーブ、チームは4勝2敗で日本一となった。

シリーズ最終戦となる試合の最終回、最後の一球を投げようとした時、私は人生で初めて走馬灯のように記憶が甦《よみがえ》る体験をした。中学や高校、プロ入り後の九州時代、キャンプ中にやかんで飲んだビール……ほんの20秒ほど、ベンチでは田淵さんが「はよう投げぇ」と囃《はや》したて、今か今かと選手たちが身を乗り出している。こうした時間を楽しめるのは、胴上げ投手一人だけなのだということを、この時に知った。

胴上げでは本当に広岡さんを落とすつもりだったが、広岡さんが「巨人を倒してこそ本当の日本一」と繰り返し語っていたので、田淵さんが「巨人に勝つまで楽しみはとっておこう」とみんなを制し、ひとまず計画延期となった。計画を言い出したのが「おっさん」と呼ばれていた田淵さんなら、計画中止を言い出したのも同じおっさんだった。裏表のないお人好しなのである。

私はリリーフ投手では初のシリーズＭＶＰに選出され、憧れていた副賞のトヨタ・クラウンも手にした。名古屋から東京に帰ると、チャーターしたバスを銀座のクラブ「姫」に横着けし、夜通しどんちゃん騒ぎとなった。酒を飲めないはずのテリー・ウィットフィールドまで、泥酔して床に寝ていた。その後、何回も祝勝会を経験したが、この年ほどの大騒ぎはしたことがない。

監督への怒りが生んだMVP

１９８３年（15年目）
32試合２１３回　18勝９敗　11完投　防御率２・92

チーム成績　86勝40敗4分　勝率0・683　1位
――最多勝と初めての防御率2点台を記録。
監督はこの成績を本当はどう思っていたのか？

1983年から、パ・リーグは再び1シーズン制に戻ったが、勝ち方を知ったチームは独走でペナントレースを制した。ところがそんななかでも、広岡さんは私を挑発してきた。対ロッテ戦で私が投げて負けた翌日の新聞で「新人ならともかくベテランが」「あいつで負けるといつもあと味が悪い」「ウチは打たせてやったようなもん」などと、まるで私がわざと打たせたかのようなコメントをしていたのだ。その後のオールスターゲームでも、広岡さんは9勝の私ではなく7勝の高橋直樹さんを監督推薦で選んでいる。

腹が立った。その怒りでこのシーズンは投げ続けた。結果、18勝9敗2セーブ、防御率2・92。二度目の最多勝を手にし、33歳にして初めてシーズンのMVPも受賞した。チームも2位阪急に17ゲーム差をつけての独走優勝だった。セ・リーグを勝ち上がったのは、今度こそ巨人である。

巨人との死闘

誰よりも巨人に勝ちたかったのは、広岡さん自身だっただろう。巨人で長嶋茂雄さんと鉄壁の三遊間を築きながら、川上哲治《かわかみてつはる》監督との確執から、徐々に立場を奪われて34歳で引退。評論家として巨人のフロリダ州ベロビーチでのキャンプを取材に行った際は、広岡さんの存在に誰かが気づいたとたんに練習がストップしたという。川上野球、巨人野球を超えることが、広岡さんの宿願だった。

おっさんや大田など野手陣は、シーズン中から江川の映像をテープが擦り切れるほど見させられたという。南海から来た名スコアラー尾張久次《おわりひさつぐ》さんが「江川は打てません」と言ったからだが、二枚看板の西本聖《にしもとたかし》については「打てる」という報告だったそうだ。

スコアラーの仕事は、チームが戦っていくうえで必要な情報を集めて分析し、それらを監督やコーチ、選手に伝えることである。相手のピッチャーの球種や速度、バッターの得意なコースやクセなどを調べ上げ、チームで共有する。チームの勝敗に大きな影響を与える仕事であり、強いチームには必ず優れたスコアラーが存在するものである。

西武球場で行われた日本シリーズ初戦、大田のタイムリーやおっさんの3ランなどで江川を2回6失点KOと打ち崩し、松沼兄やん、永射保、私のリレーで巨人打線を抑え6対3で先勝。難敵江川を攻略しての快勝で大いに気勢が上がったのだが、苦闘はここからだった。

第2戦、「打てる」と言われた西本のシュートに21個のゴロアウトを取られるなど、こてんぱんにやっつけられ、0対4の完封負け。西本を攻略しない限りこのシリーズは勝てない、誰もがそう思うに十分なインパクトだった。

選手間でも西本の攻略法を話し合った。私は田淵さんや石毛に、同じシュートピッチャーとして「西本に対して打ちにいくのか、それとも嫌がらせをするのか」と聞いた。打てる自信があるのなら、構える位置を少し後ろにして、ミートする空間を作ればいい。自信がないのなら、ホームベースぎりぎりに立ってその空間を潰せ、と。シュートピッチャーにとってホームベース寄りに詰められた内角にピンポイントで投げ込むのは、容易ではないからだ。田淵さん、どっちかですよ、と。シーズン中にこんな話をしたことはなかったが、お互いに必死だった。

後楽園球場に場所を移しての第3戦で、私は4回途中で同点に追いつかれた杉本正《すぎもとただし》の後を引き継いだ。私は9回二死まで投げたものの、8回にヘクター・クルーズの本塁打、9回は二死ランナーなしから篠塚利夫《しのづかとしお》（現・和典《かずのり》）、原辰徳《はらたつのり》に連打を浴び、レジー・スミスのタイムリーで同点とされてしまう。最後は代わった森繁和が中畑清《なかはたきよし》にサヨナラタイムリーを打たれ、4対5で敗れた。巨人の勝ち投手は7〜9回を1安打に抑えた加藤初だった。

中盤まで拮抗した第4戦は、8回、9回に立花、山崎さんのホームランなどがあり、松沼兄弟と森のリレーにより7対4で勝利。第5戦は西本が再び先発し、田淵さんがホームランを打つなど4回に2点を奪う。田淵さんは長いプロ生活でも初めてバットを短く持っていた。ホームランアーティストのプライドをかなぐり捨てての一本だった。私は2対0の7回から登板したが、原のホームランなどで追いつかれ、最後は森が打たれてシリーズ二度目のサヨナラ負け。2勝3敗と王手をかけられてしまった。

広岡監督が初めて放った冗談

第3戦、第5戦とも私が抑えていればこの時点で日本一だったが、ペナントレースよりも調子が落ちていたし、狭い後楽園球場で神経質になりすぎてもいた。宿舎の池袋サンシャインシティプリンスホテルに着くと宴会場に集められ、お通夜のような空気の中で広岡さんがマイクを握る。

「2～3曲歌ってから喋《しゃべ》りたい」

広岡さんが初めて冗談を口にした。あの監督が、と思いながら、皆思わず笑ったが、冗談を言わなければならないほど追い詰められていることも明らかだった。

「お前たちは巨人の何倍も練習している。負けるはずがない」

その後、第1戦からのローテーションをホワイトボードに書き出して、巨人の投手陣が西武よりも疲れが溜《た》まっていること、後楽園では負け越しの予定だったこと、所沢では完投した西本に疲れが出て、西武が連勝できると残り2戦のシナリオを説明してみせた。のちに聞くところでは、広岡さんにも確証など何もなかったらしいが、重苦しい雰囲気がだいぶ変わったのは事実だ。このあたり、本当に憎たらしいが大した勝負師だと感心する。

巨人を破っての2年連続日本一

西武球場に戻っての第6戦も死闘だった。2対1で迎えた9回表二死、松沼弟が中畑に三塁打を打たれ逆転を喫する。しかしその裏、リリーフの西本から3連打で一死満塁として、石毛の三遊間内野安打で同点。さらに10回裏、救援の江川から大田、テリーのヒットで一死一・二塁として、山崎さん三振のあと代打の金森栄治《かなもりえいじ》がレフトオーバーのサヨナラヒット、シリーズ3度目のサヨナラゲームとなった。

この試合のあと、広岡さんは投手陣だけを集めて「全員目をつぶれ。明日の試合で先発したいやつは手を挙げろ」と言い出した。私はリリーフに回ってはいたが、優勝がかかった試合で中1日登板を根本さんに直訴したこともある。ひょっとしたら私に投げろと言っているのかとも考え、迷ったが、私は挙げなかった。

第7戦、先発は松沼兄やんだった。あとで聞いたところ、兄やんは手を挙げたそうだ。大したものだ。後日談だが、この話を「スポーツニッポン」が記事にしたところ、広岡さんから「私はそんなことは言っていない」とクレームが来たそうだ。私も覚えているし、兄やんも八木沢投手コーチも口を揃えて「言った」と証言している。なぜそんなクレームをつけたのか、意図は測りかねる。

私は0対2の7回に4番手として登板した。二死満塁のピンチに、第5戦でホームランを打たれた原を迎える。フルカウントからど真ん中にスライダーを投げ込んでしまうが、1球前に抜けたシュートがたまたま顔の近くにいってしまったのが効き、原は空振り。幸運が2球続いた。

7回裏、無死満塁からテリーの走者一掃二塁打で逆転。これでようやく勝ちが見えた。なんとか9回まで無失点で投げ抜き、巨人を破っての2年連続日本一となった。私もみんなも昨年とは違う喜びがあったが、広岡さんの喜びはいかばかりだったか、想像もできない。なお、胴上げで落とす計画は、またしてもおっさんが「いい思いをさせてくれた恩人を落とす道理があるか」と言い出して、実現されなかった。もちろん私も本当にやるつもりはなかったが、やや心残りでもあった。

江夏と広岡監督の確執

1984年（16年目）
32試合241回3分の1　14勝14敗　20完投　防御率3・32

チーム成績　62勝61敗7分　勝率0・504　3位
――14勝挙げたが、負けも14という中途半端な成績。
チームも3連覇を逃す。

84年の西武は序盤から低調で、月単位での勝ち越しは8月と9月だけ、一度も首位に立てないままシーズンを終えた。「おっさん」こと田淵さんもホームラン14本に終わり、この年限りで引退。移籍してきた江夏さんも8セーブ止まり、大田や山崎さんなどベテラン勢の力の翳《かげ》りは明らかだった。半面、伊東勤がレギュラーを摑むなど、黄金期を築くメンバーへの世代交代の時が来ていた。ヘッドコーチの森さんが、優勝を逃した責任を取るかたちで退任している。

新人時代のオープン戦だったかと記憶しているが、江夏さんにアドバイスを受けたことがある。重心移動の際の足の使い方について10分か20分程度だったが、2年目にして稲尾さんのシーズン奪三振記録を更新した若き大エースが、野球に対して極めて真摯《しんし》であることに感銘を受けた。

江夏さんと田淵さんというかつての阪神の二枚看板が揃ったわけだが、どちらも広岡さんからは冷遇されていた。遠征先で帯同していた江夏さんを出場登録から外し、揉《も》めたこともあった。お互いに野球に対しては厳しい同士が、正面から衝突していた。

広岡さんが仮に投手出身だったら、もう少し江夏さんの心情を理解できたのかもしれないが、江夏さんはほぼ干されたような状態で1年を過ごし、この年限りで西武を退団した。その年の冬、江夏さんはミルウォーキー・ブルワーズとマイナー契約を結び、メジャーリーグ昇格を目指す。しかし、翌年のオープン戦後半に打ち込まれたことで解雇され、36歳で引退している。

200勝を達成

私は1984年9月15日の南海戦で2安打完封し、200勝を達成した。この日は、福岡で暮らす長女の理子《りこ》も試合を観に来ていた。9歳なので、200勝の意味は十分に理解できたはずだ。

この時点での負け星は214。弱小球団で優勝など考えもせず、「加藤初さんにだけは負けたくない」という一心で投げ続けてきた。それでも「勝ち星を増やさないと年俸も増えない」とがむしゃらにやっているうちに日本一を知り、２００勝もできた。年俸も九州時代とは雲泥の差だ。

ここからはようやく、自分のためではなくチームのために投げられると心の底から思ったものだ。また、西武の査定もチームへの貢献を評価してくれるものだったので、選手としては安心感があった。若手投手にマウンドを譲ったあとに打たれて勝ちが消えたとしても、それが彼の糧になるならそれでいい。逆説のようだが、勝てるチームにいてこそ必要な負けを受け入れることができるのであって、九州時代の負けと西武での負けは、大きく意味と価値が変わっていた。

この年は田淵さんと一緒に、オールスターゲームにも出場している。田淵さんは、この年のシーズン前半に引退を公表していた。その田淵さんが10年も在籍した阪神の本拠地・甲子園球場で行われた第2戦は、鈴木啓示さんが先発し、私が7回から登板している。

6対5でパ・リーグがリードしたまま8回が終わり、9回表に私の打席が回ってきた。甲子園のファンは田淵さんを見たいはずだ。そう考えた私はパ・リーグ監督の広岡さんに聞こえるような声で、「田淵さん、僕の代打で行ってくださいよ」と声をかけた。しかし広岡さんは耳を傾けず私を打席に送り、ベンチで田淵さんが静かに泣いているのが見えた。

広岡監督に人情を期待するのは間違っているのかもしれないが、オールスターゲームという舞台であまりにも冷徹すぎるように感じた。9回裏も0点で抑えてパ・リーグが勝ったものの、私は喜ぶことができなかった。

猛虎旋風と広岡時代の終わり

1985年(17年目)
31試合174回3分の1　17勝3敗　11完投　防御率3・30
チーム成績　79勝45敗6分　勝率0・637　1位
——若い頃は25敗もした私が、この年は3敗だけ。
肩痛を抱えながら、なんとか乗り切った。

85年シーズンは、肩痛との戦いだった。キャッチボールの時から、投げても痛くない球種を探した。そのうち、フォークのような握りでチェンジアップみたいに手首を押し出して投げると、ナックルのような変化をすることがわかった。この「チェンジアップのフォーク」を駆使して、だましだましで開幕から10連勝を挙げた。大差がついた試合ではあえてスピードもキレもない球を投げるなどローテーションを守るためのあらゆる工夫をし、なんとか17勝を挙げた。しかし、広岡さんには「手抜き」と映ったようで、結局8月末にはボールが投げられなくなってしまい、9月は1試合も登板させてもらえなかった。

それでも、なんとか日本シリーズに間に合わせようと、いろいろな治療を受けた。広岡さんが心酔する長野の諏訪長生館で治療を受け、大阪では山田久志さんの紹介で肩に注射も打っている。

この年の西武は、序盤から独走状態だった。根本さんが台湾から連れてきた郭泰源《かくたいげん》が、開幕から快投を見せた。シーズン後半に肩を痛め戦線離脱したものの、4月は月間MVP、6月には人工芝球場初のノーヒットノーランを達成している。また、4年目の工藤公康と、84年にドラフト1位で入団した渡辺《わたなべ》久信《ひさのぶ》が、防御率で1位、2位に並ぶ活躍を見せた。

10月9日の近鉄戦で優勝を決めたのだが、広岡さんは持病の痛風が悪化したことから諏訪で休養しており、ヘッドコーチの黒江透修《くろえゆきのぶ》さんが「代理」で宙を舞った。

阪神との日本シリーズは、2勝2敗で甲子園3戦目（シリーズ5戦目）を迎えた。広岡さんには西武球場に戻って巨人に逆転優勝した83年のイメージがあったのか、シーズン3勝の小野和幸《おのかずゆき》が先発し、工藤も松沼兄弟もベンチに入れなかった。

結局、この試合と第6戦を落として敗退。真弓、ランディ・バース、掛布雅之《かけふまさゆき》、岡田彰布《おかだあきのぶ》の強力打線が爆発した年とはいえ、すでに打倒巨人の本懐を遂げていた広岡さんの執念と勝負勘が、83年の死闘ほどには発揮されなかった感は否めない。

シリーズ後、広岡さんは退団を表明した。発表した当日、選手はバス2台をチャーターして温泉に向かっているところだったので、第一報を聞いたのはパーキングエリアだった。皆、万歳をして喜びを爆発させた。

ベテランのみならず、伊東のような「特待生」でさえパーキングエリアで乾杯していたのだから、よほど鬱憤が溜まっていたのだろう。実際、チームが空中分解しそうな場面もたびたびあり、とくに最後のほうは危ない雰囲気になっていた。

ただ、繰り返しになるが、西武が黄金期を築くために、広岡さんの管理野球は必要だった。ベテランも若手も、広岡さんから勝つための思考法を学んだのは間違いない。それは私にとっても大きな財産だった。

森監督就任

1986年（18年目）
31試合168回3分の1　12勝11敗　8完投　防御率4・22
チーム成績　68勝49敗13分　勝率0・581　1位
――シーズンを通じて不調だった。
だが、なんとか先発ローテーションの一角を守った。

広岡さんの後任には森昌彦さんが呼び戻され、監督就任を機に名を「祇晶」に変えられた。正直言って、堤オーナーと森さんの相性は、あまり良いとは思えなかった。だから根本さんが新監督を外部から引き抜いてくると思っていたので、少し意外だった。

85年秋のドラフト会議では、最大の目玉だった清原和博を獲得。森さんは「若い選手が多いだけに、戦いながら育てる」という方針を打ち出し、世代交代は加速していった。

蓋を開けてみると86年シーズンは、郭泰源が前年からの肩痛、工藤も二軍スタートと、いきなり森さんの手腕が問われる展開となった。前年はクローザーもやっていた（渡辺）久信を先発に、郭をクローザーに配置転換し、清原は開幕2試合目に公式戦デビューさせ、不振でも二軍に落とすことはしなかった。

チームは苦しみながらも、１２９試合目に優勝を決めた。久信が16勝で最多勝、私が12勝、工藤が11勝と先発ローテーションを固め、打撃のタイトルホルダーはいなかったが2年連続三冠王の落合を抑え、打率３割２分９厘、ホームラン27本の石毛がチームリーダーとしてＭＶＰを受賞している。

四番の秋山幸二も2年連続40本超え、清原も３割４厘、31本と高卒新人とは思えない成績で新人王を獲得した。森さんの言う通り、若い世代が「戦いながら」育ってきたのは間違いない。

私自身は防御率4点台と褒められた成績ではなかったが、8完投12勝とローテーションを守る責任は果たせたと思う。

絶対に逃げるな——乱闘事件のあとも投げ続ける

またこの年の私は、今でもテレビの「珍プレー好プレー」などで流されるような場面を映像に残している。近鉄の四番、リチャード・デービスとの乱闘シーンだ。

1ボール2ストライクから投げ込んだシュートがデービスの右ヒジに当たった瞬間、デービスがものすごいスピードで突進してきて、私は4発のパンチ、さらにキックを浴びせかけられたのだ。

この頃の外国人打者は、しばしば乱闘を起こして投手を牽制していた。腕の長い彼らはインコースが弱い。コースを技術ではなく腕力で潰そうというわけだ。なかには外野まで追いかけられたピッチャーもいたほどだ。

私はマウンドからは逃げないと決めていたし、若手ピッチャーにも「絶対に逃げるな」と伝えていた。誓って言うが、私はデービスに狙ってぶつけたわけではない。だからこそ、何発殴られようが逃げるわけにはいかなかった。

デービスは即刻退場となり、私は応急処置を受けたあと再びマウンドに上がり、完投勝利を収めた。意地だった。実際は顔面打撲で目はかすみ、右足首ねん挫と右ヒザ内側裂傷と、普通であれば投げられる状態ではなかった。デービスは10日間の出場停止となった。

その後、阪急の上田利治《うえだとしはる》監督や他球団の外国人選手から「東尾も悪い」という声が上がった。「デッドボールとビーンボールを使って腰を引かせられたら、外角のスライダーなど打てるわけがない」というのが彼らの言い分だ。冗談じゃない、と心の底から腹がたった。

次の阪急戦では一球もインコースを使わずに、9回を完投してみせた。これもまた意地だった。池永さんや稲尾さんに植え付けられた負けん気と、勝てない時代に磨いた技術と投球術が生きたのだと思う。

初めて日本シリーズの先発マウンドへ

この年の日本シリーズは、阿南準郎《あなんじゅんろう》新監督率いる広島との、史上初の新監督同士のシリーズとなり、やはり史上初の第8戦までもつれこんだ。広島市民球場での第1戦は私が先発、四度目のシリーズで初めて先発のマウンドに立った。広島のエース北別府学《きたべっぷまなぶ》との投げ合いとなったが、2対0で9回裏一死、完封目前というところで小早川毅彦《こばやかわたけひこ》にライトスタンドにホームランを打たれてしまう。

次の打席には、この年限りで引退する山本浩二《やまもとこうじ》さん。浩二さんとは「負けたほうが食事をおごろう」などとも言い合っていたが、少なくともホームランは打たせない自信があった。浩二さんさえなんとかすれば、後続の長嶋清幸《ながしまきよゆき》、衣笠祥雄《きぬがささちお》さん、正田耕三《しょうだこうぞう》はノーヒットに抑えていたので、点を取られることはないだろう。衣笠さんとは浩二さんと同じくらい仲が良いし、デッドボールを当てても絶対に怒らないので思い切って攻められる。まずは浩二さんとの対戦に全神経を研ぎ澄ませた。

ところがブルペンでは久信が準備を始め、森さんがマウンドにやってきた。交代か。そう思ったら森さんは「ホームランだけ気をつけろ」と一言残して帰っていく。そんなことは言われなくてもわかっている。

1ボール1ストライクからの3球目、イメージ通りのスライダーを外角低めに投げ込んだところ、浩二さんが踏み込んで右方向に打ち上げた。その瞬間に、西武球場の感覚で、ライトフライだと思った。ところが浩二さんは球場の狭さと季節風を見越しての狙い撃ちだった。打球はライトスタンド最前列に吸い込まれた。浩二さんはこのホームランを「18年間の集大成」と言っている。それくらい、見事としか言いようのない1本だった。

森さんは交代を告げるつもりでマウンドに来たが、なぜか気が変わってしまったらしい。私はここで降板。その後は久信と松沼弟がよく投げてくれて、延長14回まで両軍無得点で2対2の引き分けに終わった。

そこからは工藤、泰源、松沼兄が先発し、接戦だったもののよもやの3連敗。スイープ(同一カードの連戦で全勝すること)に王手をかけられた第5戦、私は再び西武球場で先発のマウンドに上がる。相手は第1戦と同じ北別府。伊東の悪送球で1点を失ったが9回まで投げ抜き、1対1でまたしても延長戦に入る。

12回裏、10回からリリーフした工藤に一死二塁で打順が回ってくる。森さんはさらに延長が続くことを覚悟して、代打を出さずに工藤を打席へ送った。相手はその後若くして亡くなった津田恒実《つだつねみ》。前日のヒーローインタビューで西武打線の印象を聞かれ、「なんかあまり迫力がないように思いました」と答えた、広島不動のクローザーだ。

日本シリーズ第8戦に突入

工藤はその試合で相手の捕手、達川光男《たつかわみつお》に死球を当てており、「内角に来る」と読んでいたそうだ。イチ、ニ、サンで振ったらバットにボールが当たり、打球は一塁線を破るサヨナラヒットとなった。ベンチでは大盛り上がりになったが、試合後のロッカーでは「なんでわざわざ広島に戻って相手の胴上げを見なければならないのか」という雰囲気もあった。

しかし、この一打でシリーズの流れが変わった。広島での第6戦は久信―工藤、第7戦は松沼兄―泰源のリレーでいずれも3対1で連勝し、史上初の第8戦にもつれこんだ。第8戦までのローテーションは組んでいない。ここは私がいかなければと思った。相手は金《かね》石昭人《いしあきひと》である。

3回裏、私はピッチャーの金石に2ランを打たれて、よもやの降板となる。そのあとを永射保、久信といいピッチングを続けていると秋山が同点2ランを打ち、バック宙でホームイン。あんなにおとなしい男が、しかもまだ同点にすぎないのにこんなことをするなんてと意外だったが、3連敗からの逆襲にテンションも極まっていたのだろう。

8回は送りバントに失敗した大田が二盗し、ジョージ・ブコビッチのタイムリーを呼び込む。これで3対2と逆転し、最後は工藤が2イニングを抑えて、激闘のシリーズに終止符を打った。

表彰式のあと、山本浩二さんの胴上げが行われた。私も西武のユニフォーム姿で参加させてもらった。

3連敗4連勝は、1958年に西鉄が巨人相手に達成して以来だった。自分自身も六度のシリーズで最も調子が良く、九州時代の最後を知る者として、西鉄の黄金時代に肩を並べることができて誇らしかった。この年、年俸もついに1億円の大台に到達した。

二度目のMVP。そして思わぬ落とし穴

> 1987年（19年目）
> 28試合222回3分の2　15勝9敗　17完投　防御率2・59

チーム成績　71勝45敗14分　勝率0・612　1位
——チームの勝ち頭で、防御率も2点台。
思うようなピッチングができたシーズンだった。

87年は17完投、15勝9敗、防御率2・59。無四球試合6回も規定投球回数に達した投手ではリーグ最多の成績だった。37歳という年齢を考えれば、胸を張ってもいいシーズンだろう。

私の投手としての最盛期は、防御率2・38で23勝した75年シーズンだったろう。ただし、チームは弱かった。西武に入り30歳も過ぎた頃には自分自身の力は落ちたが、強力打線がカバーしてくれて勝てるようになった。公康、久信、泰源といった後輩たちとあえて張り合って、「お前らなんかに負けるか」と言って、ある意味で若手をダシにして力を維持することもできた。

若手時代がチームの最盛期だった山田久志さんは、その後チームが下降線に差し掛かるにつれても本格派を貫き、あまり勝てなくなってしまったが、よし悪しではなく対照的なキャリアだったといえるだろう。

その意味ですごいと思うのは、剛速球投手から技巧派に転じて300勝を挙げた鈴木啓示さんだ。ガラッとスタイルを変えて年間20勝してみせたピッチャーなど、ほかにいるだろうか。村田兆治さんはヒジにメスを入れてもスタイルを変えなかったし、堀内恒夫《ほりうちつねお》さんや平松政次《ひらまつまさじ》さんも本格派を貫き徐々に衰えを見せた。鈴木さんの自らを変える勇気には敬服の念しかない。

もう一つ思うのは、ベテランになればなるほど相手バッターからの「信用」で打ち取れてしまうということだ。コントロールミスによるただの失投が、考えすぎたバッターには「絶妙な投球術」に化けてしまうことがある。インコースを正確に投げ込んでくると思っているからこそ、真ん中付近のボールに手が出ない。本格派投手には耐え難いことかもしれないが、コントロールの良さを印象づけることで晩年に救われることもあるように思う。

この年、再び巨人との対決となった日本シリーズは、西武球場の第1戦と後楽園球場の第5戦に先発した。第1戦は5回3分の2を6失点で負け投手となったが、第5戦は8回3分の1を1失点で勝利。チームも4勝2敗で2年連続の日本一に輝いた。

ライオンズ一筋で引退

1988年（20年目）
19試合105回3分の2　6勝9敗　5完投　防御率4・85
チーム成績　73勝51敗6分　勝率0・589　1位
——勝ち星、防御率ともに不本意な成績。
次のシーズンに挽回できる自信はあったが……。

1988年は6月の阪急戦から復帰したこともあり、シーズン成績は6勝9敗、5完投、防御率4・85と満足のいくものではなかった。それでもチームはリーグ4連覇。日本シリーズの相手は中日に決まった。

ナゴヤ球場の第1戦の先発は久信だった。4対1の8回裏、無死一・二塁で好打者の彦《ひこ》野《の》利勝《としかつ》を迎えたところで、私は2番手として登板。当然最後まで投げきるつもりだったが、森さんからは「この一人を抑えてくれ」と言われた。森さんの言葉の真意を計りかねた。

あとのことを考えずに彦野に集中しろという意味なのか、ワンポイント・リリーフを託されたのか。

心中穏やかではなかったが、それでも彦野をシュートでサードゴロ、ダブルプレーに仕留めてみせた。二死三塁で、新人王の立浪和義《たつなみかずよし》を迎えてもベンチは動かなかった。続投ということだ。意地で立浪を3球三振にとってみせた。結局そのまま9回も投げ切り、快勝ではあったが、私のセルフイメージと監督からの評価の差を痛感させられた。私はその夜、現役引退を決めた。

4勝1敗で3年連続日本一となった数日後に、引退表明を行った。セ・リーグを含め複数の球団からは、投手としての誘いもあった。パ・リーグの他チームで西武を見返したいという気持ちも、多少はあった。かなり迷ったが、九州時代から「ライオンズ」の一員として、チームがどん底でも投げ抜いてきた自負もあり、「仲間とは戦いたくない」という思いが勝った。

稲尾さんの通算276勝に25勝届かなかったのは悔いが残るが、251勝よりも247敗にこそ、自分のピッチャーとしての生き様が映されていると思う。

第4章　監督就任——新たなる挑戦

「私は結局のところ『ライオンズ』の野球しか知らずに、ここまでやってきてしまった。今後また監督やコーチを務めることがあったとしても、野球のみならず、もう少し広い視野を得る必要があるように感じていた」

予想外の監督就任

1995年（監督1年目）
チーム成績67勝57敗6分　勝率0・540　3位
――指導経験もなく、主力がごっそり抜けた中でAクラスを確保。

現役時代に、「監督をやってみたい」と思ったことは一度もない。投げて、勝って、いい酒を飲めれば、それで満足だった。九州時代は年俸も安かったので、西武での待遇には満足していたし、引退後にバブル経済の恩恵も受け、それ以上望むものは何もなかった。

監督就任の話があったのは、1994年の日本シリーズ終了後に森さんが監督を退いたあとだった。森さんの監督としての成績は凄まじく、9年間でリーグ優勝8回、日本シリーズも6回制している。ただ、93年は野村ヤクルトに、94年は長嶋巨人に日本一を譲っていた。

また89年に3位に沈んだ際に堤義明オーナーから「来年はどうするの？　やりたければ

どうぞやってください」と言われるなど、オーナーと監督との関係は良好とはいえなかった。

堤オーナーは森さんを「中継ぎ監督」として就任させたものの、就任から3年連続で日本一になられてしまったので、辞めさせることができなかった。森さんもそれを察していて、引き際を探っていたのだろう。

最初に後任に指名されたのは、まだ現役選手の石毛だった。現役にこだわる石毛はこれを固辞し、根本さんが球団専務を務める福岡ダイエーホークスへの移籍を決める。さらに工藤もフロントと衝突し、FA宣言をする。そんなタイミングでの私への就任要請だったが、堤さんが押し切ったと聞いては、断る道はない。

主力選手が去ってしまった……

就任してすぐに、工藤と帝国ホテルで面会した。「公康、残ってくれ」と切り出すと、工藤は申し訳なさそうな顔で「もう1週間早ければ……」と言う。その頃に、ダイエー入りを決めてしまっていたらしい。「東尾さんが監督になるとわかっていれば……」とも言われた。

すでに93年シーズン後には、秋山幸二、渡辺智男、内山智之《うちやまともゆき》の3人が、佐々木誠《ささきまこと》、村田《むらた》勝喜《かつよし》、橋本武広《はしもとたけひろ》との大型トレードで、根本さんのダイエーに引き抜かれてしまった。私とともに戦った投打のリーダーたちは、就任までにごっそりといなくなっていた。黄金期のチームは、ゼロから生まれ変わるしかなかった。しかも前任者は、9年で八度のリーグ優勝をしている。そのプレッシャーはものすごかった。

ただ、私には指導者としての経験がない。また野手を教えることはできないし、戦術も一人で作れるわけではない。投手だって自分と違うタイプのことはよくわからない。自分一人でチームを動かすのではなく、安心して任せられる人たちには任せて、監督でなければ責任を負えない場面でしっかりと動けばよいと考えた。もっとも急な就任要請だったので、すでに来季の所属が内定している人材も多く、いきなり望み通りの組閣とはいかなかった。

就任1年目には、田尾安志《たおやすし》とのトレードで杉本正とともに中日に移籍した大石友好《おおいしともよし》を、バッテリーコーチとして呼んだ。私は現役時代からキャッチャーとしての大石とウマが合い、レギュラーではなかった大石に私の投げる試合はほとんどマスクを被ってもらった時期がある。中日でも郭源治《かくげんじ》とともに守備につく「リリーフキャッチャー」として活躍するなど、試合のことがよくわかっている男だった。

さらに二軍投手コーチには加藤初さんに来てもらった。98年には二軍投手コーチに降格となった森繁和との入れ替わりで、一軍投手コーチに昇格している。初さんはその後、韓国や台湾のチームから何度も就任要請が来ていたのはすでに書いた通りだ。また、98年には杉本正を一軍投手コーチ（ブルペン担当）に呼んでいる。

97年には長嶋巨人の日本一を支えた須藤豊さんを一軍ヘッドコーチに、2001年には96～99年と近鉄監督を務めた佐々木恭介《ささききょうすけ》さんを一軍ヘッド兼打撃コーチに招聘した。須藤さんは体調の問題もあり99年に退団したが、二人とも監督の経験があるので作戦面に明るいだけでなく、バッターの気持ちやプライドを理解できるコーチだった。こうした人事も堤オーナーにお願いして、かなりの部分で希望を通させてもらった。

この年は、開幕こそ9勝2敗と好スタートを切ったものの、6月にはオリックスの追い上げを受けて2位に転落。以降も、この年に優勝したオリックスには5勝21敗と大きく負け越し、これが響いてチーム成績は3位に終わった。

清原和博も打率2割4分5厘、ホームラン25本と本来の活躍とはいかず、復帰したオレステス・デストラーデも不振に終わった。工藤の穴は新谷《しんたに》博《ひろし》や石井《いしい》丈裕《たけひろ》らで何とか埋めたものの、久信が不調でリリーフに回さざるを得なかったのも誤算だった。新谷も石井も32歳、久信が31歳で、チームの世代交代が急務であることも浮き彫りになった。

もっともこの年は何よりも、阪神・淡路大震災からの復興のシンボルとなったオリックスの勢いが凄まじく、ユニフォームの右袖に「がんばろうKOBE」のワッペンを着けたイチローや田口《たぐち》壮《そう》にグラウンド狭しと駆け回られた印象が強い。イチローを除けば、投打ともに個人成績は飛び抜けたものではないのだが、仰木《おおぎ》彬《あきら》監督が変幻自在にタクトを振るい、若い選手たちが時に神がかり的な集中力を発揮していた。

再生ならなかった清原の退団

1996年（監督2年目）

チーム成績62勝64敗4分　勝率０・４９２　３位
――再びＡクラスを確保。
しかし、負け越し。若手の成長がプラスの材料だった。

96年は順位こそ前年と同じ3位だったものの、監督を務めた7年間で唯一の負け越しとなったシーズンだった。開幕から20試合で6勝14敗、その後も6月、7月、8月と負け越すなど、チームとしては16年ぶりの負け越しとなった。ただし16勝を挙げた西口文也《にしぐちふみや》、打率2割8分3厘、50盗塁の松井稼頭央《まついかずお》、さらに豊田清《とよだきよし》、石井貴《いしいたかし》といった若手が大きく成長した年でもあった。

しかし清原和博に限っては、秋山、石毛、工藤と去ったチームで所在をなくしていた。毎年20本以上のホームランを打ってはいたが、ルーキーイヤーを超える成績といえるのは89年、90年、92年シーズンくらいで、技術的にも精神的にも伸び悩みは明らかだった。

現役晩年の言動や、引退後に起こした事件などで、清原の毀誉褒貶《きよほうへん》は激しいものがあるが、人間性は純粋そのものであった。86年に入団し、練習にも真面目に取り組んでいた。

遊ぶこともあまりせず、注目を浴びるなかで野球に打ち込んでいた。

清原は新人の年の夏に、門限を破って森監督から30万円の罰金を科されたことがあった。1年目の年俸は600万円だから、30万円は月給のほぼ半分が吹っ飛ぶ計算になる。普通は何度かに分けて払うところを、清原はミーティングに現金で持参して森さんに手渡しで払っていた。不器用で一本気な男、それがキヨなのである。

金属バット打ちの悪癖からなかなか抜け出すことができなかった新人時代の清原を、打撃コーチとして指導したのが土井正博さんだった。大阪・岸和田市出身の清原は、同じ大阪出身の土井さんを信頼し、素直に教えに従った。土井さんも近鉄時代に「18歳の四番打者」と期待をかけられ、プレッシャーに苦しんだ人間である。清原の気持ちがよく理解できたのだろう。

ところが土井さんは、89年シーズン中に麻雀賭博に関与し、現行犯逮捕されそのまま退団している。昔気質《かたぎ》の土井さんには黒い霧事件でも書類送検された過去があり、逮捕後は師と仰ぐ根本さんから社会人としての教育を厳しく受けたそうだ。

タイトルも取れず伸び悩み、くすぶり、チームから孤立していた清原は、95年のシーズンオフに西武からの移籍を申し出てきた。先述したように、この年は阪神・淡路大震災からの復興の願いを受けたオリックスが、突如現れた天才イチローに引っ張られるように、独走優勝を果たした年でもある。優勝を決めたのも西武戦で、清原は初めてベンチから相手チームの胴上げを見ることになった。西武黄金期の終わりを改めて痛感したのだろう。

私は過去の経緯から渋るオーナーを説得して、土井さんに一軍打撃コーチとして来てもらった。清原を再生できるのは土井さんしかいないと思ったのだ。しかし土井さんでも、清原の輝きを取り戻すことはできなかった。ハワイキャンプの宿舎で乱痴気騒ぎをし、部屋を壊したこともあった。

チームはすでに西口、松井稼、大友進《おおともすすむ》、高木大成《たかぎたいせい》、小関竜也《おぜきたつや》たちへと世代交代を図らなければならない段階だったが、清原がベンチでブスッと座っていると、周りの若手は萎縮してしまう。清原は左肩に脱臼癖があるため、野手の一塁送球が少しでも右側にずれると嫌な顔をする。そのためセカンドの高木浩之《たかぎひろゆき》はイップスになってしまった。とにかく、当時は清原の存在が悪循環ばかりを生んでいた。

天性のスターである清原の復活には、かつて恋い焦がれた巨人の選手として東京ドームという舞台に立ち、5万人の大観衆から注がれる視線が必要なのだろうとも思えた。この96年シーズンオフにFA宣言した清原を、止めようとはもう思わなかった。

ニュースター誕生

土井さんが清原に教えられなかったと後悔していたのは、ボールの避け方だった。田淵さんも避けるのが下手で、デッドボールに苦しめられたスラッガーだったが、清原はそれ以上ともいえた。この反省と土井さんの招聘は、投手からショートにコンバートした松井稼頭央をスイッチヒッターにする際に生きた。

左打席に立つ稼頭央に、通算165与死球のプロ野球記録を持つ私が、わざと体めがけて投げた。逃げるのではなく、右肩を入れて背中で受けるように仕込んだ。稼頭央もよくこの練習についてきたし、土井さんの教える打撃技術は稼頭央をメキメキと成長させた。

稼頭央はスイッチヒッターに転向した1年目から打率2割8分3厘、50盗塁と、及第点どころではない成績を収めた。もともと速球投手だっただけに肩もめっぽう強く、俊足、強肩、強打のショートとしてチームの中心選手となっていった。

結果として清原がいなくなったことで、チームの若返りへの反対意見が出なかったこともあり、変革を思う存分進められたとはいえる。もちろん、資金面でもかつてとは条件が違うなか、森さんの頃のような常勝軍団は望めないとしても、オーナーとの関係もあり要望をある程度まで通させてもらえたのはありがたかった。

おそらく森さんは、オーナーには何も言えなかったと思うし、広岡さんも根本さんが連れてきた人物なので、堤さんと忌憚《きたん》なく話せる関係ではなさそうだった。その点で私は恵まれていたと思う。

監督初栄冠の明と暗

> 1997年（監督3年目）
> チーム成績76勝56敗3分　勝率0・576　1位
> ――監督として初めて経験した優勝。
> しかし、野村ヤクルトには完敗。

清原が抜けたことで、松井、大友、高木の若い一〜三番がスピードでかき回し、鈴木健《すずきけん》とドミンゴ・マルティネスの四番・五番が帰すというパターンが出来上がった。打線はむしろ強くなったといえた。チームの盗塁数は12球団ダントツの200、長打でもホームラン31本のマルティネス、19本の鈴木健だけでなく下位の佐々木誠と伊東がそれぞれ13本塁打と、他球団にとってはかなり嫌な打線だったはずだ。

投手は西口が15勝、先発転向した潮崎哲也《しおざきてつや》が12勝、豊田が10勝と三本柱が固定できて、抑えも橋本武広やルーキーの森慎二《もりしんじ》、デニー（友利《ともり》）で繋いで、10勝9セーブの石井貴が締めるというパターンが確立した。広岡時代・森時代からの世代交代がようやく完成したシーズンでもあった。

6月に10連勝したオリックスに首位を明け渡したが、8月後半の9連勝で抜き返し、チームにとっては3年ぶり、自身も監督として初優勝を成し遂げることができた。チームカラーとしても、黄金時代の管理野球ではなく、若手が伸び伸びと戦える集団になったことを誇らしく思えた。

ただし日本シリーズでは、古田《ふるた》敦也《あつや》、稲葉《いなば》篤紀《あつのり》、池山隆寛《いけやまたかひろ》、宮本慎也《みやもとしんや》、石井一久《いしいかずひさ》、高津《たかつ》臣吾《しんご》、伊藤智仁《いとうともひと》といった中堅が成熟期を迎えていた野村ヤクルトに、1勝することしかできなかった。ノムさんからはあれやこれやと「口撃」を仕掛けられたが、人間性はお互いによくわかっている仲なのでさほど気にもならず、純粋にチーム力で負けたシリーズだったと思う。

渡辺久信への戦力外通告

とにもかくにもリーグ優勝を遂げた一方で、監督として、辛い仕事もしなければならなかった。シーズン終了後に行った、渡辺久信への戦力外通告がそれにあたる。

公康と久信は、私の現役後半の刺激剤だった。彼らと張り合ってトレーニングしたことで、31歳や32歳で終わると思っていた私の現役生活が延び、37歳で17完投もすることができたと思っている。

一緒に焼肉を食べながら、配球や打者心理について何度も真剣に語り合った。私が池永さんから受けたものを、二人に手渡すような気持ちもあったかもしれない。

そんな久信だが、97年シーズンは0勝に終わり、球団経営の悪化もありフロントは戦力外と判断した。96年にはノーヒットノーランも達成していたが、93年シーズンの3・83を最後に防御率も4点台を下回ることはなく、衰えは明らかだった。しかし、それでも久信は速球派であることにこだわり続け、投球スタイルを変えることができないでいた。フロントには「私から伝える」と言い、久信と直接話した。

久信は現役を諦めきれず、日本シリーズで対戦したばかりの野村ヤクルトに移籍したが、野村再生工場といえども久信は再生できず、1年で戦力外となった。その後、久信はテレビ朝日や文化放送と解説者契約を結んだ。

ちょうどその年に引退した郭泰源が、台湾職業棒球大聯盟《だいれんめい》の依頼を受けて技術顧問に就任したこともあり、私は久信に泰源を手伝いつつ台湾で指導者の勉強をしたらどうかと勧めた。彼は嘉南勇士《かなんゆうし》の投手コーチに就任しただけでなく、言葉が通じないから投げて見せたほうが早いと選手も兼任し、99年に18勝を挙げた。野村監督から習得を命じられたスローカーブや、腕を少し下ろしてのスライダーなどを駆使し、技巧派としてモデルチェンジしてみせたのである。

2008年に久信は西武の監督に就任し、1年目でチームを日本一へと導くが、そうした結果を残すことができたのも、現役生活晩年の苦労があったからだろう。久信監督時代に、ダイエー、巨人、横浜とチームを移してきた公康が西武に戻ってきたのも、うれしいめぐり合せだった。久信と公康とは、やはりどこかで心が繋がっているのだと思う。

西崎幸広の加入

久信と入れ替わるように加わったのが、日本ハムのエースとして活躍してきた西崎幸広《にしざきゆきひろ》だった。当時の西崎は、故障と頸椎《けいつい》ヘルニアからのリハビリ方針などをめぐって球団と対立していた。この年、FA権を取得した西崎は行使しないと明言していたのだが、球団から戦力外通告される。その代わり、移籍先については本人の希望を優先すると言われたという。

西崎本人はFAを取得したことから、複数年契約の打診などを想像していたらしいが、最近も話題になった「ノンテンダー」の扱いを受けてしまったということになる。翌日の新聞には「西崎が自由契約」との文字が踊った。

私はすぐに西崎に電話をし、頸椎ヘルニアが来年夏頃までには治るとの見通しを聞いた。「ニシ、俺のところでやれ。必ず再起させる」と伝え、西崎もそれを意気に感じ快諾してくれた。

ところがその後、日本ハムの方針が変わり、西崎を来季の戦力とみなしたうえでの交換トレードを求めてきた。交渉の結果、石井丈裕と奈《な》良《ら》原《はら》浩《ひろし》を日本ハムに移籍させる2対1のトレードとなった。巻き込んでしまった二人には本当に申し訳ない気持ちだったが、西崎はまだ再生できるという確信があったし、若手の手本になるという思いもあった。私の現役時代の背番号「21」は、彼に託した。

投手育成の哲学

私自身は実力不足のまま2年目からローテーションの一角を無理やり担ってきたので、中継ぎや敗戦処理から先発やクローザーの地位を勝ち取ったという経験はない。負け越しが当たり前という状況の中で、どうやれば一つでも多く勝てるのかだけを考え抜いてやってきた。運よくチームが強くなったことで、通算251勝を挙げることができた。

しかしこの頃の西武は、西鉄や太平洋クラブ、クラウンライター時代とは事情が違う。のちの松坂大輔や菊池雄星《きくちゆうせい》のような、誰の目にも大器という投手であれば話は別だが、まずは与えられた機会で何とかアピールして、自力で登板機会を増やしていく以外に道はない。とにかくのし上がるしかないのだ。

ただ、昔と違い「勝ちがつかない限り年俸も上がらない」という査定方針ではなく、たとえ途中降板となっても好投すればプラス査定になる時代だから、過度に結果のみにこだわる必要はない。また、野手出身の監督は投手への見切りが早くなりがちだし、一度か二度失敗するとなかなかチャンスをもらえなくなる傾向があるが、私の場合、結果が悪くても一つ二つ図抜けたものがあれば、次回も投げさせるようにしていた。失敗に至った心理やその原因を、同業者として理解できたからである。

先発投手を4回や5回途中で代えることも少ないほうだと思う。無理な続投がチームの雰囲気を悪くするようなケースはもちろん別だが、目の前の1敗よりも、ここを何とか乗り越えた経験が生むかもしれない何十勝のほうが、チームにとっても大きいと考えていた。交代させて同じようなピッチングを繰り返してズルズルと二軍に戻るのではなく、一軍の戦力として残ってもらうために、傷を深くさせないように気を遣っていた。

その一方で、投手出身ということもあり、私には野手の心理があまりよくわからない。だからバッティングについては、信頼できるコーチに任せるようにしていた。

ピッチャーは総じて「強気」

監督をやってみて面白かったのは、ピッチャーは総じて「強気」だということだ。本当に気が強い者、ひたすら飄々《ひょうひょう》としている者、無理して強がる者、空元気《から》でハッタリをかます者も含めて、表面上はみな「強気」なのだ。

ハッタリをかます代表格が、石井貴だった。いかにも気合をみなぎらせて投げるピッチャーだが、実は気が弱く、インコースに投げるとたんに球威が落ちてしまう。インコースに強い球を平然と投げられるのが強気な投手なのだが、石井はそうではない。それでもピンチにマウンドに行くと「いや、行けます」と言ってくれる。それは監督としてはありがたいことだ。

潮崎は「空元気」のタイプで、6～7回にはもうへばっているのだが「いやいや大丈夫です」と言ってくる。リリーフを務めていた頃よりもシンカーの変化は緩くなっていたが、コントロールが良いので長い回をまとめることができた。

潮崎に代わってセットアッパーになった森慎二は、口数は少ないがルーキーとは思えない強心臓、強気で押すタイプだった。年によって調子のムラはあったが、ピンチに送り出すには最高の投手だった。42歳の若さで早逝したことが残念でならない。

飄々としている投手は、何と言っても西口文也だ。何を言っても「はい、がんばります～」と言った調子でなんとも摑めないのだが、クロスステップ気味に右バッターの背中側からアウトコースに逃げていくスライダーは天下一品だった。

延長10回に打たれて未遂に終わった完全試合、二度のノーヒットノーラン未遂など、稀代の「未遂」コレクターなのが西口らしいといえばらしい。また大抵のピッチャーはキャッチャーとの相性を気にするのだが、西口は「誰でもいいです」と言うだけだった。なんとも、独特な感覚を持つピッチャーであった。

史上最大の混戦、そして連覇

1998年（監督4年目）
チーム成績70勝61敗4分　勝率0・534　1位
――10ゲーム差を逆転しての優勝。
しかし、届かなかった日本一。

1998年、西武球場は西武ドームへと改称された。一応、「ドーム」と名づけられてはいるが、屋根は未完成だった。

開幕10試合で2勝8敗とスタートダッシュに失敗し、前半戦は我慢の展開が続いた。オールスターゲームまでに2位に浮上したものの、首位の日本ハムとは8ゲーム差。しかも後半戦開始早々、その日本ハムに連敗し、差は10ゲームにまで広がった。さすがに連覇は厳しくなった、大方の人はそう思ったに違いない。

しかしチーム内の雰囲気は悪くなかった。打率2割6分9厘、13盗塁の大友から小関竜也が2番を奪い、2割8分3厘、15盗塁で新人王、13勝の西口が2年連続最多勝、松井稼頭央も43盗塁で2年連続盗塁王となった。

高木大成、鈴木健、マルティネスのクリーンアップもよく打ち、橋本とデニーが左右の抑えとして活躍した。地力は確実についていたので、悲観している者はいなかった。

実際に日本ハムが大失速し、9月13日には2位のままマジック21が西武に点灯した。とはいえ日本ハム、西武、ダイエー、近鉄が一時は1ゲーム差以内にひしめく大混戦で、どのチームも優勝まであと一歩という様相だった。そうした混戦状態のなか、西武は3チームとの直接対決に勝利し、最後に優勝することができた。

日本シリーズでは、権藤博《ごんどうひろし》監督率いる横浜ベイスターズとの対戦となった。横浜がセ・リーグを制したのは、実に38年ぶりであった。権藤さんとはウマが合い、予告先発の実施を二人で決めた。また、実現はしなかったが、シリーズ開幕前々日に「両チームの全選手で前夜祭をやろう」と盛り上がりもした。ノムさんとのシリーズとは好対照で、実際に権藤さんとは一緒に中華街で食事をしている。

シリーズは石井琢朗《いしいたくろう》をはじめとする、足を絡めてよく繋がる「マシンガン打線」に手を焼いた。衰えを隠せなくなっていた伊東勤の肩も狙われ、第3戦からは西武が初めてFA

で獲得した中嶋聡《なかじまさとし》をキャッチャーに起用した。

また、マルちゃんことマルティネスの守備の拙さもネックとなり、指名打者が使えない横浜スタジアムでのゲームでは代打で待機させるよりなかった。2年間で61本を打った人気者もこのシーズン限りの契約となり、翌年は巨人に入団している。

シリーズは2勝4敗で敗戦。監督として日本一になる最後のチャンスは、こうして去っていった。また、この年のシーズン中には、翌年以降の西武のあり方を変える決定がなされている。11月のドラフト会議での、松坂大輔1位指名である。

監督という立場――やり手のオーナーとの付き合い方

> 1999年（監督5年目）
> チーム成績75勝59敗1分　勝率0・560　2位
> ――前年を勝ち星、勝率ともに上回ったが、3連覇はならず……。

松坂が横浜高校で甲子園に出場した際には、堤さんからフロント、スカウト、首脳陣に「よく見ておけ」というオーナー命令が下された。そんな指示は後にも先にも、大輔一人だったと記憶している。

堤さんはとにかく負けず嫌いなので、ある時はフロントを通じて、ある時は直接電話で指示が飛んできた。誰を使え、誰を二軍に落とせ、といった類《たぐい》のものだ。ただ、その通りにできない時は、できない理由を説明すればわかってもらえたし、誰とは言わないが、試合中に「あいつを代えろ」とベンチに電話して采配にまで口を挟むタイプのオーナーではなかった。

ある時も「大成を二軍に落とせ」と言ってきたが、フロントの人と一緒に落とせない理由を説明したところ、翌日にはすっかり忘れて観戦に熱中していたそうだ。

「監督」と一口に言っても、与えられる権限はチームや人によって違ってくる。チームによっては社長や役員のような立場にもなりうるし、部長・主任クラスの権限しか与えられないということもあるだろう。

また、原辰徳の辞任により、現役続行を希望していた高橋由伸《たかはしよしのぶ》が巨人の監督になったことがあったが、辰徳のような人事権は与えられてはいなかったという。由伸に辰徳のような振る舞いができたかどうかは別にして、彼にできることはかなり限られていたのではないかと思う。

堤さんとの思い出

私の場合、オーナーと腹を割って話せるという点で、由伸よりはやりやすかったのではないかと想像するが、それでも1年目は準備期間がなかったので、一軍・二軍コーチの人事にはあまり手を付けられず、森さん時代の後を引き継ぐ部分が多かった。

堤さんは89年から日本オリンピック委員会（ＪＯＣ）の初代会長を務め、長野オリンピック（98年）の誘致に奔走した人でもある。そのため海外のスポーツ界とのコネクションも多く、80年から２００1年まで国際オリンピック委員会（ＩＯＣ）の会長だったフアン・アントニオ・サマランチ氏とも親交があった。

サマランチ氏の事務所には、代理人を通じて世界中からスポーツ選手の売り込みがある。堤さんに言われてスカウトとともに事務所を訪ねて獲得した選手の一人が、２０００年に入団したトニー・フェルナンデスだった。

練習ではわざとトンネルをしたり、工事用のハンマーで素振りしたり、暗室で瞑想したりとかなり変わった選手だったが、チームへの貢献は揺るぎない男だった。ドミニカでお兄さんが亡くなった時も、チームの優勝争いを優先して帰国を延期してくれた。引退後はテキサス・レンジャーズのGM特別補佐を務めたこともあったが、2020年に若くして亡くなっている。

松坂に渡した200勝記念ボール

さて、松坂大輔という投手は本物なのか。甲子園春夏連覇、PL学園との延長17回の死闘、決勝でのノーヒットノーランなど、高校野球で残した成績は凄まじいものがある。しかし、実績よりも大事なのは、プロの眼で見て「投げる球の質が高いのか」「長く投げ続けられるフォームなのか」というところだ。

テレビ中継で見ただけでも、モノが違うことは一目瞭然だった。しかし大輔は「横浜しか行かない」と公言していたので指名を回避する球団も多く、ドラフト会議ではリーグ優勝を争った日本ハムと、日本シリーズで戦ったばかりの横浜が競合相手となった。

ドラフト会議で運よく当たりくじを引き、横浜希望と言う彼をチームに招くべく、初回の交渉では私の200勝記念ボールを「この重みをどう感じるかは任せる。君が200勝したら返してくれ」と言って渡している。ご両親と本人には「監督としてではなく、一人の投手として責任を持って200勝させる」と約束し、あくまでも競争の中で勝ち残らせて、日本シリーズ第1戦の先発を任せられる投手にすることを宣言した。

251の勝ち星のうち、記念として残していたのは200勝のボールだけだった。その重みをどう感じてくれたのかはわからない。しかし、二度目の交渉で前向きな返事をもらい、あとの細かい交渉や手続きは気持ちよくフロントに任せることができた。

「大輔フィーバー」という社会現象

大輔の投げる姿を初めて見たのは年明けの1999年1月、西武第二球場で行われた新人合同自主トレの時だった。キャッチボールの球の強さがほかの選手とはまるで違う。体幹の強さもはっきりと見て取れた。ただ、足首などの関節の硬さは気になった。実際、この硬さは現役後半の大輔を苦しめ続けた。

キャンプには、見たことのない数のファンと報道陣が詰めかけた。大輔のグラウンドコートを着た「影武者」を走らせてファンを引き付け、その隙に本人やほかの投手陣を移動させたこともあった。大輔には「西崎幸広を手本にしろ」と伝えていたが、影武者のアイデアは西崎によるものだったらしい。

キャンプを通じて、気になるクセを段階的に修正しつつ、なんとか一軍で投げさせられるレベルにまで持ってくることができた。ただ、疲れもあってかオープン戦では精彩を欠き、与えたホームランも四球の数も多かった。これで一軍ローテーションに加えては、誰の目にも優遇したのが明らかになってしまう。畢竟《ひっきょう》、ローテーションを争うほかの投手たちの士気も下がってしまうだろう。

ラストチャンスは3月28日、サントリーカップ（オープン戦）の対横浜戦だった。先発して6回2安打1失点、6四球は問題にしても11奪三振はさすがの一言、「競争の中で勝ち残らせる」という公約を果たしたといえる内容だった。

ベールを脱いだ平成の怪物

さて、問題はいつ投げさせるかだ。球団からは「西武ドームでの福岡ダイエーとの開幕2連戦で投げさせたい」という要請もあった。開幕投手の西口文也に続く第2戦目では、前日が勝ちでも負けでも、新人にはプレッシャーが大きすぎる。

私自身は負けて負けて負け続けて成長したピッチャーだったが、大輔は常に「松坂世代」のトップランナーであっただけでなく、世代を超えて日本中が見守る大スターだ。「何とか勝ち星でプロ野球人生をスタートさせてやりたい」と思って選んだのが、開幕第4戦、東京ドームでの日本ハム戦だった。傾斜が大きい東京ドームのマウンドは本格派投手向きで、4試合目ともなれば相手投手の力量も落ちてくるという読みもあった。

とはいえ当時の日本ハム打線は小笠原道大《おがさわらみちひろ》、片岡篤史《かたおかあつし》、田中幸雄《たなかゆきお》、マイカ・フランクリンといった錚々《そうそう》たる強打者を並べる「ビッグバン打線」で、高卒新人投手にとってはあまりにも高いハードルだった。あとから聞いた話だが、その中心にいた片岡と、西武で代打や指名打者として活躍していた金村義明《かねむらよしあき》が試合前日に食事をした時、片岡はこう言ったという。

「しょせんは高校生、スライダー投手じゃないですか。明日は血祭りにしてあげますよ」

大輔たち横浜高校が春夏連覇を果たす11年前に、PL学園で春夏連覇を成し遂げた片岡は、テレビで横浜対PLを観戦していたらしい。金村が大輔に、「片岡がお前のこと変化球投手って言ってたぞ。あいつにだけは真っ直ぐを思い切りいっとけ」と伝えたところ、大輔はニヤリと笑ったのだそうだ。

初回、3番の片岡に投げ込んだ155キロのストレートは、フルスイングした片岡が尻もちをついたこととあわせて語り草となっている。片岡の出したバットのはるか上を通過した白球を見て、私はマウンドに仁王立ちする18歳の少年が、すでに球界を代表する投手であることを確信した。大輔は8回を5安打2失点、9奪三振。大輔のあとは橋本、デニー、西崎と繋いで5対2で逃げ切り、チーム全体で彼に初勝利を贈ることができた。本人以上にリリーフ陣の緊張は相当なものだったようだ。

この年、イチローとの初対決で3打席連続三振に切って「自信が確信に変わりました」と答えてみせたことも語り草になっている。大輔は16勝を挙げ最多勝と新人王を獲得、西口が14勝、石井と豊田も2桁勝利を挙げ、前年の横浜との日本シリーズでは抑えとして好投した西崎をリリーフに回し20セーブと、投手陣は強力な布陣となった。

ただ、チーム内の最多ホームランが、稼頭央と垣内哲也《かきうちてつや》の15本であったことに象徴されるように、打線が不調でチームは2位に終わった。優勝はダイエーホークスで、日本シリーズでも中日相手に4勝1敗の成績で日本一となっている。

大輔はこの年から3年連続最多勝と、またたく間に球界を代表するピッチャーとなり、2000年シドニー五輪や2004年アテネ五輪でも日本のエースとして活躍した。メジャーでも活躍したことは言うまでもないが、身体の硬さとマウンドの硬さに苦しめられ、片岡を斬って取ったあの姿が戻ってくることはなかった。

スピードガンの数字はウソ？

そんな大輔だが、どうにも気に入らなかったのが、投げたあとにスコアボードを振り返って球速を確認することだった。メディアが160キロ実現を煽《あお》り立てるので、本人も意識してしまうのだ。

そもそも、スピードガンの表示は少しおかしいと思っている。私は江川卓や、小松辰雄《こまつたつお》の全盛期の球のすごさを知っている。その彼らのストレートが142キロ、速くても145キロほどだったのに、今や高校生が150キロ以上を連発している。計測方法が変わったのかもしれないが、スピードガンが見世物に使われている気がしてならない。

日本ハム時代の大谷翔平は札幌ドームで、当時日本人最速の165キロを出した。その時のコースは低めであったが、高めならまだしも低めでそんなスピードは出ないだろう。みんなが楽しんでいるところに水を差すのは無粋だと思うが、私は信用していない。

大谷にそんな「下駄」を履かせる必要などそもそもなかったことは、メジャーでの活躍を見れば明らかだろう。メジャーでも、ピッチャーとしては活躍できるだろうと思っていたが、バッターとしてもホームランを40本以上も打つとは予想できなかった。メジャーでも見劣りしないほどの体格を見ると、日本人も変わったものだと思う。

ただ、私の経験から言うと、ピッチャーは30歳を過ぎたあたりから疲労回復にかかる時間が延びていく。ことに肩甲骨周りの筋肉の張りが、ほぐれなくなっていく。大輔が苦しんだように、メジャーの硬いマウンドの影響も出てくるかもしれない。

今のスタイルからの路線変更を、どこかで強いられるのかもしれないが、現在の大谷を見ているとよく投打だけでなく走りもすごいので、よくやるなと呆《あき》れ返ってしまうばかりだ。ほとんど漫画の世界である。

貧打に泣いた一年

> 2000年（監督6年目）
> チーム成績69勝61敗5分　勝率0・531　2位
> ——夏場を過ぎて首位に立ったが、連敗でダイエーに寄り切られる。

2000年シーズンは開幕からの10試合を8勝2敗、4月を13勝8敗とスタートダッシュには成功したものの、その後は決め手を欠く展開でオリックス、ダイエーとの首位争いが続いた。

大輔は14勝を挙げ2年連続最多勝、西口、石井も2桁勝利、台湾から加入した許銘傑《シュウミンチェ》と豊田で11勝を挙げ、抑えに回った森慎二も23セーブ、チーム防御率はリーグ唯一の3点台と、投手陣は抜きん出た陣容となった。

その半面、鈴木健や高木、大友が振るわず、チーム打率・本塁打はリーグ最低、チーム最多本塁打が稼頭央の23本ではさすがに厳しかった。

8月終了時点では12あった貯金を、勝負どころの9月の3勝11敗でほとんど吐き出してしまった。対してダイエーは9月に9連勝と、これでほとんど万事休す。全チームに勝ち越したものの、近鉄から12も勝ち越したダイエーに2年連続で優勝を許し、西武は2・5ゲーム差の2位に終わった。

打線の補強が必要なことは明らかだった。ここ数年の課題を解消する戦力を、フロントはシーズンオフで用意してきた。

退任、そして次の人生

2001年（監督7年目）
チーム成績73勝67敗0分　勝率0・521　3位

――Aクラスは死守したが、3年連続で優勝を逃す……。

フロントはアリゾナ・ダイヤモンドバックスからアレックス・カブレラを、コロラド・ロッキーズ傘下のコロラドスプリングス・スカイソックスからスコット・マクレーンを獲得、二人は「ツインバズーカ砲」と称され、カブレラが49本、マクレーンが39本のホームランを打ち、引っ張られるように稼頭央が24本、鈴木健が18本、捕手から外野手に転向した和田一浩《わだかずひろ》も16本と打力不足は一気に解消した。

投手陣も松坂が15勝で3年連続最多勝、西口14勝、許11勝と三本柱は高いレベルの成績を残している。クローザーの森の不調を受け、豊田を抑えに配置転換したところ、28セーブと後ろも安定していた。

チーム力が整い、シーズン中盤にAクラスに浮上、以降は近鉄、ダイエーと首位争いを続けた。小規模な連勝と連敗で大きな貯金を作れないまま勝負どころの9月を迎えたが、近鉄に3連敗して失速、ダイエーにも抜かれ3位に終わった。

広岡・森時代のような資金力がなくても、大輔を引き当てたことをはじめとして、戦力を揃えることはできたが、3年連続で優勝を逃したのは、ほかならぬ私の責任だと感じた。オーナーに辞意を伝え、このシーズン限りでの退任となった。

監督での7年間は492勝425敗23分、勝率は5割3分7厘、Aクラス7回、リーグ優勝2回という成績だった。黄金時代からの脱却を図りながらリーグ連覇した3年目、4年目は誇らしく思うが、日本シリーズでは勝てなかったし、最終年はもう少し戦える戦力だったと思う。選手やコーチの希望や考えを尊重しながらチームワークを強めていけたことに達成感はあったが、広岡さんや野村さんのように冷徹なまでに勝ちを求めることはできなかったようにも思う。

また、私は結局のところ「ライオンズ」の野球しか知らずに、ここまでやってきてしまった。今後また監督やコーチを務めることがあったとしても、野球のみならずもう少し広い視野を得る必要があるように感じていた。

退任後はテレビ朝日、文化放送、スポーツニッポンの解説者に復帰しつつ、2006年から2009年まではプロバスケットボール「bjリーグ」の東京アパッチで球団社長も務めた。要するに名前を貸したようなものだが、まったく違うスポーツに携わることは面白く、非常に勉強になったと思っている。

野球への思いは変わらず——これまでの経験をどう伝えるか？

野球では1995年に元チームメイトの蓬萊昭彦《ほうらいあきひこ》とともに、中学硬式野球チーム「世田谷西リトルシニア」を立ち上げた。元プロ野球選手の目から見て、近隣に子どもを通わせたいと思える少年野球チームがなかったことがきっかけだったが、今ではプロ野球選手を輩出するほどの強豪となった。在籍人数も毎年約150人と、チーム内競争も苛烈な状況になっている。しかし、根本となる考えは目先の勝ちにこだわるのではなく、野球の楽しさを知ってもらうこと。また、高校や大学、実業団などでも長くプレーできる選手を育てることを主眼としている。バントや小技ばかりを使って勝利にこだわるようなチームではない。

私は名誉会長の身なので、選手を直接指導することはないが、その方針は変えないでほしいと願っている。

第5章

負ける力と勝つ力

特別対談 東尾 修（元プロ野球選手・監督）×工藤公康（元プロ野球選手・監督）

「10連覇するということは勝ち続けながら、世代交代も円滑に行わなければなりません。かなりの無理難題を突き付けられたので、『自分に何ができるのか』を考えに考え抜きました。そこで、自分の中ではいくつもの課題があったんですけど、絶対やらなきゃいけないことを3つだけ決めました」

くどう　きみやす／元プロ野球選手・監督。1963年、愛知県生まれ。82年に西武ライオンズ入団。そのほか3球団を渡り歩き、2011年に引退するまでリーグ優勝14回、日本一11回を経験、優勝請負人と称された。通算224勝。2015～21年に福岡ソフトバンクホークスの監督としてリーグ優勝3回、日本シリーズ優勝5回を果たす。著書『55歳の自己改革』（講談社）など多数。

ライオンズ一筋で20年間プレーし、通算成績251勝247敗23セーブの成績を残した東尾修。野球殿堂入りもした名投手として知られているが、入団から16年間で215敗（201勝）を喫し、現役生活17年目にして初めて通算勝率を5割とした。

片や西武ライオンズ、ダイエーホークス、巨人で日本一を経験した工藤公康。3球団で日本シリーズの勝利投手になった経歴を持つ唯一の投手で、現役時代は〝優勝請負人〟とも呼ばれた。対照的な二人の野球人に、人生に必要な「負ける力と勝つ力」を聞いた。

時代が大きく変わったことを実感

工藤　2023年春は日本中がWBC（ワールド・ベースボール・クラシック）の話題で持ちきりになりました。

東尾　俺がピッチングコーチで行ったのは、何年前だったかな。

工藤　2013年だから、10年前ですね。山本浩二さんが監督でベスト4に入りました。次の17年大会も小久保裕紀《こくぼひろき》が監督でベスト4でしたから、今回の優勝は2009年以来、14年ぶりなんですよ。

東尾　見ていてまず思ったのは、「選手の気質が変わった」ということ。決勝戦で8回をダルビッシュ有《ゆう》、9回を大谷翔平が投げて勝ったけど、昔だったら20年近いキャリアのある大投手をセットアッパーになんてできなかった。むしろ大谷のほうが恐縮してしまいそうだけど全然そんなことなく、エンゼルスでチームメイトのマイク・トラウト（アメリカ代表）と思い切り勝負して、感情を爆発させていたよね。

工藤　東尾さんがピッチングコーチをしていた時は、ＭＬＢ（メジャーリーグ）の球団が選手を出してくれなかったですね。

東尾　そうそう、それでかなり苦労した。そうした意味でも、時代が大きく変わったな。王さん（王貞治、２００６年）や辰徳（原辰徳、09年）が監督だった時は、選手たちが「監督を世界一にするんだ」という思いで団結している雰囲気だった。だからプレッシャーが相当厳しく、福留孝介《ふくどめこうすけ》やイチローもスランプに陥っていたけど、今回の選手たちは伸び伸びとやっているように見えたな。栗山英樹《くりやまひでき》監督も上手《じょうず》に選手を持ち上げていて、「選手ファースト」のチームだったと思うよ。

「はい」と「いいえ」しか言うな

工藤　僕は最年長となったダルビッシュ投手の存在が大きかったと思いますね。世界のレベルを知っているメジャーリーガーが、若い選手と気さくにコミュニケーションを取りながらアドバイスし、チームにいい影響を与えていました。自身が若手として出た09年大会のことや、対戦するメジャーリーガーの特徴、変化球の握りなんかを教えていたようで、宮崎合宿の初日から参加して、チームの雰囲気作りに注力してくれました。そのおかげで、若い選手たちが伸び伸びとプレーしていたように感じます。

東尾　お前がプロに入った時代の先輩らとは大違いだな（笑）。

工藤　その時の先輩は東尾さんですけどね（笑）。

東尾　ピッチャーゴロをファーストへ送球するにしても、少しでもそれると捕ってくれないベテランなんかも当時はいたからな。それでイップスになる投手もいたくらいだ。まあ、お前はかなり伸び伸びとしていたほうだけど。ルーキーの年（1982年）から一軍にいたんだっけ？

工藤　オープン戦の途中からです。最初は杉本正さんやほかの先輩から「何しに来たんだ？　バッティングピッチャーやりに来たのか？」などと冷やかされていました。「『来い』と言われたので来ただけです」「そうか、まあ2、3日楽しんでいけよ」みたいな感じでしたが、なぜか開幕してからも一軍に置いてもらっていました。

東尾　俺と喋るようになったのはいつ頃だった？　全然覚えてないんだけど。

工藤　東尾さんに返事以外のことを口にすると先輩に怒られました。

東尾　誰に怒られたの？

工藤　誰かは覚えていませんが、「田淵幸一さんや東尾さん、山崎裕之さんに話しかけられても、『はい』か『いいえ』以外は言うな」と。

東尾　そんな悪いことを吹き込むやつがいたんだ（笑）。

工藤　それだけ東尾さんたちが、チームの中で大きな存在だったんですよ。なので僕らは、「東尾さんとは喋っちゃいけないんだ」と思っていました。実際、「おい」って言われたら、きちんと「はい！」と答えていました。

東尾　ルーキーイヤーで、先発はしたんだっけ？

工藤　していないです。中継ぎで27試合投げて1勝1敗でした。

東尾　でもその年、西武ライオンズが初優勝、さらに初の日本一を獲得するなか、俺がようやくたどり着いた日本シリーズでも投げたんだよな。ツイているというか、厚かましいというか。名古屋出身だから、中日ファンから野次られていたよな。

工藤「裏切り者」って言われましたね。ナゴヤ球場の試合に中継ぎで投げて、ちょうど打順が回ってきたから代打だろうと思ったら、そのまま打てって言われたのでバッターボックスに立ちました。

東尾　そんなことあったっけ？

工藤　ピッチャーは都裕次郎《みやこゆうじろう》さんで、真っ直ぐが来たと思って振ったらライトオーバーの二塁打になったんです。あとでビデオを見たら、球種はカーブでした。

東尾　お前、日本シリーズでよう打ってたよな。86年の広島との日本シリーズでも、津田恒実からサヨナラヒットを打ってたし。あれも本当ならピッチャー交代のタイミングだったろ？

工藤　たまたま振ったら、当たりました。前日まで3連敗だったのが、そこから4連勝で日本一になりましたね。

1983年8月、プロ入り初先発を果たし、4回途中まで力投した工藤公康。スポーツニッポン新聞社／毎日新聞社

1985年10月、阪神タイガースとの日本シリーズ第3戦で好リリーフにより勝利投手となった東尾修。毎日新聞社

東尾　それでその年の日本シリーズＭＶＰまで獲ってしまうんだから、いいとこを持っていきよるな。

工藤　いい経験をさせてもらいました（笑）。

盗んで、考えて、モノにする

東尾　公康が2、3年目の頃だと思うけど、「スライダーの投げ方を教えてください」って言われたこと、俺は覚えてるんだ。でも、俺がちょこっとしか教えなかったから、あとで「東尾さんは冷たい」って言ってたんだよな。確かに、ダルビッシュが侍ジャパンの若手投手に教えるのとは大違いだった。

工藤　ちょうど僕が先発ローテーションに入った頃でした。当時、ピッチングコーチに聞くことはあっても、東尾さんに直接教えを乞う人なんて、なかなかいなかったですね。でも、東尾さんの投げるスライダーを見ていると、普通に投げるほかに、明らかに抜いているスライダーがあったんです。試合中は同じフォームで投げているんですけど、明らかに緩い。普通の球速だと思って振りにいったバッターが、「あっ」って感じで体勢を崩されて、みんなピッチャーゴロになる。豪速球で詰まらせるならともかく、「なんであんなに遅い球で、ピッチャーゴロになるんだ」と思っていました。

東尾　遅い球って（笑）。

工藤　正直ですみません（笑）。それでもストレートは140キロくらい出ていましたよね。

東尾　今のスピードガンは俺たちの頃よりも速く出るから、150キロは出とったわ。

工藤　はい！　確かに150キロ出てました（笑）。東尾さんといえばシュートとスライダーで打ち取るイメージでしたけど、「（スライダーの）球速を操ることで、全然違う打ち取り方ができるんだ」とわかったんです。ただ、同じ腕の振りで球速を変えて、コースもきっちりコントロールするということが、僕にはできなかった。「あのスライダーの投げ方がわかれば、僕もああいう打ち取り方ができるんだろうな」と考え、勇気を出して聞きに行ったら「見て覚えろ。あとは自分で考えろ」と言われたんです。

東尾　今なら、なんで俺がそう言ったかわかるだろ？

工藤　はい。でも当時はわかりませんでした。「見てろ」と言うのでブルペンで後ろからずっと見てたんですが、プロになりたての若手がただ見ていたって全然わかりません。ただ、東尾さんは投げる瞬間に、すごく苦しそうな顔をするんです。体が開かないように「クーッ」と我慢しているように見えて、それで「ああ、下半身を使うってこういうことなのか」ということはわかりました。

東尾　結局そこなのよ。2、3年目で何もわからないのに俺のマネをしたって、しょせんはモノマネだから。自分で考えて編み出さない限り、モノにはならない。俺のスライダーと公康のスライダーは球の軌道も変化する大きさも全然違うから、自分で工夫しなければダメなんだよ。手取り足取り教えたって意味がない。だから俺は、「自分の力でモノにしなければ意味がない」って突き放したんだ。

工藤　考えれば工夫が生まれ、試行錯誤が起こり、だんだんと自分の中で「こうかな」というものができる。考えていることが行動に出るようになり、行動が結果として表れますからね。それがたとえ悪い結果になったとしても、自分でまた改善して、改善したものをまた試してというサイクルが生まれます。東尾さんも、若手の頃はそうやって考えて技術を身につけてきたんだなと、あとで気づきました。「自分を成長させるためには教えてもらうだけではなく、見て覚えないといけないんだ」と理解しました。

東尾　俺にとってのそうした存在は、4年上の先輩で大エースの池永正明さんだったな。池永さんは俺のことをすごく可愛がってくれていて、ダッシュトレーニングをする時もいつも相手をさせられていたんだ。俺も足は速かったけど、池永さんは全身がバネみたいな人で、何をしても本当に速いし上手《うま》かった。

池永さんはチーム事情から何シーズンも酷使され続けていて、当時はもう肩がぶっ壊れていた。だから、春季キャンプではほとんど投げずに、いつもお灸《きゅう》ばかり据えていたから盗みようもないんだけど、それでも試合で投げる姿を見たり練習を付き合ったりして、すごく勉強になった。俺としては投球術を教えてもらったと思っているよ。

ピッチャーの「指先」

工藤　僕が入団3年目の時ですが、秋山幸二さんたちとアメリカの教育リーグに行くことがありました。野球修業のために行ったのですが、ピッチング以前に「プロであり続けるのに、必要なこととは何か」を学ぶことができたと思います。

向こうでは1Aの選手たちが、目の前でどんどんクビを切られていくんです。3Aや2Aだったらともかく、1Aなんて全然メジャーにかすりもしない時点でクビになるわけだから、彼らはそこで野球を辞めるのかなと思っていました。ところが、「なんで辞めなきゃいけないんだ。俺には能力があるけど、今回はたまたまうまくいかなかっただけだ」ってみんな言うんですよ。すごいな、と思いましたね。

周りの評価は関係なく、「自分が一生懸命野球を続けていれば、絶対メジャーリーガーになれる」って、みんなが言う。僕は早くから一軍に上げてもらっていたけれど、先発しても全然通用しなかったし、ナベ（渡辺久信）や郭泰源みたいなすごい球は投げられなかった。だから、「ワンポイント・リリーフでもいいから、生き残ることができれば」と考えていたんです。でも、「這《は》い上がっていくためには、それじゃダメだ」と気づかされましたね。

勝ち抜いていくために考え方も変えたし、ウェイトトレーニングもやるようになりました。すると、球速が10キロくらい上がったんです。

東尾　その頃に宮田征典《みやたゆきのり》さんがピッチングコーチになったんだよな。

工藤　そうです。宮田さんは当時では珍しくピッチャーのウェイトトレーニングに積極的で、球速を上げる方法についてのあらゆることを教えていただきました。

東尾　公康はいい時期に入ったよな。俺たちの時代は、トレーニングといえばウサギ跳びやタイヤ引きくらいしかなかったから。

工藤　今のピッチャーは投球フォームからボールの回転数までその場でチェックできるし、数値化もされています。だから、僕らよりも深く考えながら野球ができていると思いますね。感覚と数字のすり合わせができるのは、すごく大きいです。

東尾　俺たちの頃はデータだの動画だのなんてものがまったくなかったから、自分の感覚で摑んでいくしかなかった。ただ、当時の一流のピッチャーっていうのは、ボールの回転軸から回転数まで自分で感じながら投げていたと思うよ。「今日はボールが走っているか」「バッターの手前で鋭く曲がっているか」といったことを自覚できなければ、勝つことはできない。ましてや200勝なんて到底無理だろう。

工藤　数値として出ないだけで、感覚的には理解して投げていたんでしょうね。それは今も同じで、データやテクノロジーが増えたといっても、自分自身で感じられなかったら意味がありません。

東尾　お前は賢かったから、頭を使ってやっていることはわかっていたな。そこがほかのピッチャーとは違うところだった。指先だって器用だし。

考えることができれば、教えられたことは頭の中に入る。けれど、それが指先に伝わるかどうかっていうのは、また別問題なんだよな。

工藤　「指先の感覚」というと、一般の方は球種を増やすとか、ボールの回転数を上げるとか、そういうことを想像されると思うんですけど、東尾さんがおっしゃっているのは、おそらく違う部分なんですよね。つまり地面から下半身、上半身、肩、腕、手首と順番に力を伝えてきて、最後に指先とボールの関係が「パチン」とはまれば、いい球がいくという意味です。

そうならないとすれば、その前段階のどこかに問題があるということなんですよね。その微妙な違いを感じる力がピッチャーには必要で、東尾さんのそれはもう独特でマネできないものでした。けれど、これぱっかりは、自分で編み出さないといけないものなんですよね。

東尾　そう。ただ、そうした感覚は試合に出なければ作り上げることはできない。練習でもある程度仕上げることはできるんだけど、結局は試合で身につけないと使うことができない。相手の反応を見て、「こういう軌道のボールが打者のインコースに行ったら、バッターは嫌がるんだな」といったことを試合中に学んで、感覚と重ねないとダメなんだよな。

「負け」と向き合う心

東尾　俺は１９６９年にドラフト1位で西鉄に入ったけど、全然通用しないことがすぐにわかって、1年目で打者転向をコーチに申し出たくらいだった。だけどその年に「黒い霧事件（32ページ参照）」で池永さんをはじめとしたローテーション投手がごっそりといなくなり、２年目から先発ローテに入らざるをえなくなった。チームは弱くなってしまったんだけど、若手選手にとってはチャンス以外の何物でもない。結局、その年のチーム成績は43勝78敗9分、勝率３割5分5厘と最下位だったけど、2年目の俺は１７３回3分の1も投げさせてもらった。

1年目の10倍以上投げて11勝したけど、防御率は5点台で負け数も多かった（18敗）。

ただ、これだけ負け続けても試合に使ってもらえたから、ピッチャーとしての大事な感覚を身につけることができたんだと思うよ。

工藤　東尾さんの通算勝率が5割に達したのは、17年目だったそうですね。

東尾　入団から16年間で２０１勝したけど、負け数は２１５だったよ。結局、現役時代は投げては負け、投げては負けを繰り返す中で、何とかプロとして生きていく能力を身につけることができたんだと思っている。通算で２４７敗もしたが、だからこそ２５１回も勝つことができた。俺にとって２４７敗は恥ずべきものじゃない。負け数にプライドを持っているんだ。

公康がローテーションに入った頃の西武はすでに常勝軍団だったから、負けの意味は俺とはだいぶ違うよな。

工藤　それでも負けるのは嫌でしたね。若いうちは打たれると、反省するよりも怖さのほうが先に立ちました。若いから体力の回復も早いし、すぐに投げられるようにはなるんですけど、自分に絶対的な自信がないので怖くなる。東尾さんのようなコントロールも、変化球を操る能力もなかったですから。

足りないものが多すぎたうえ、不安や恐怖に押し潰されて、なかなか勝てなかった時期もありました。5年目の1986年に11勝、翌年に15勝して、そのままローテーションの中心にならなきゃいけなかったんですけど、その翌年は10勝、次が4勝でした。逃げるように外に刺激を求めて遊び続けてしまって、ダメになる寸前までいきましたよ。

東尾　お前、そんな時期あったのか。

工藤　ありました。球団の検査で肝臓が要再検査になって、お医者さんに「選手生命がどうこう以前に、このままなら本当に死ぬよ」と言われました。肝臓が腫《は》れて、肋骨の下に手が入らなくなっていましたね。もう野球なんて辞めて田舎《いなか》にでも引っ込もうかなと思っていました。

ただ、そのタイミングで結婚したこともあり、これまでの生活を改めようと決心したんです。奥さんに栄養や体調の管理を一緒にやってもらい、体力作りも外部のトレーナーに手伝ってもらうようにしました。

東尾　それにしても、誰がそんなにお前に酒を飲ませたんだ。

工藤　東尾さんともよく行きましたよ（笑）。僕、お酒は全然強くないんですけど、東尾さんに誘ってもらうのはうれしかったのを覚えています。それが一人前の証《あかし》だという誇りもあったし、飲みの席の最後に東尾さんがポロッと漏らす一言が、すごく大事なことだったので。

東尾　俺はそんなに飲ませてないよな。

工藤　(笑)。東尾さんは酔っ払ってくると少し呂律《ろれつ》が回らなくなるので、それを合図にブランデーをウーロン茶に差し替えてもらっていました。「お前、何飲んでるんだ」って言われた時に「ブランデーですよ」と答えても信じてくれなくて、「じゃあ、確かめてくださいよ」と言って飲ませると、「おお、うまい」って(笑)。

東尾　そんなことあったか(笑)。まあ、公康は頭もいいし強心臓のイメージだったから、そんなにプレッシャーを感じているとは思わなかったな。あの時代、公康、泰源、久信みたいな優秀なピッチャーが多く出てきて、いい刺激になったよ。選手として晩年に入ってきた時に、「お前らに負けるか」っていう相手ができたことは、本当によかった。それだけに俺が西武の監督になったタイミングで、ダイエーホークスに移籍されたのは本当に痛かった。薄情だな、裏切り者めって思ったよ(笑)。

工藤　（笑）。裏切ってません！　東尾さんが監督になるってわかっていたら、西武に残っていましたよ。あと1週間早く東尾さんと話せていたら、間違いなく残りました。

東尾　でも、石毛宏典も公康も、秋山も抜けて、かえってよかったのかもわからんね。あの時代、西武も松井稼頭央や高木大成のチームに変わらないといけないタイミングだったから。

工藤　東尾さんは指導者経験なしで、いきなり監督になりましたけど、苦労したのではないですか。自分がソフトバンクの監督になった時も、指導者経験なしだったので、難しさはよくわかります。

　でも当時、東尾さんが春季キャンプ中のブルペンで若手投手たちをじっと眺めている姿をスポーツニュースで見て、「現役の頃の真剣さと一緒だ」とすごく胸に迫るものを感じました。いろいろと思うようにいかないこともあったでしょうけど、「チームを何とかしようと本気なんだな」と思いました。

育てながら勝つ

東尾　監督としては、俺も公康も似たところがあったよな。投手コーチや打撃コーチを信頼し、任せるところは任せて口は出さないところとか。それに「チームとしての方針は、全員で共有する」というところも一緒だったんじゃないかな。広岡達朗さんのように全部を自分の管理下に置くスタイルではないけど、コーチごとに言うことが違うという風にはしたくなかった。

工藤　そうですね。ただ僕がソフトバンクホークスの監督になる時は、オーナーに「10連覇できるようなチームにしてほしい」「投手王国を作ってくれ」と言われたんです。10連覇するということは勝ち続けながら、世代交代も円滑に行わなければなりません。かなりの無理難題を突き付けられたので、「自分に何ができるのか」を考えに考え抜きました。

そこで、自分の中ではいくつもの課題があったんですけど、絶対やらなきゃいけないことを3つだけ決めました。一つは「ユーティリティプレーヤーの育成」です。

東尾　言ってたもんな。あちこちのポジションを守れるやつを作るって。

工藤　レギュラーメンバーだけでは、チームとしての厚みを作れません。ユーティリティプレーヤーやスペシャリストなどを備えた「多様性のあるチーム」こそが、強い組織だと思うんです。実際、2020年の日本シリーズでMVPに輝いた栗原陵矢《くりはらりょうや》は、捕手に加えてライト、レフト、一塁、三塁を守れます。盗塁王のタイトル経験もある育成出身の周東佑京《しゅうとううきょう》も二塁、三塁と遊撃にセンター、レフトをこなし、同じく育成出身の牧原大成《まきはらたいせい》も内外野すべてを守れます。多様性のあるチームだからこそ、年間を通してコンスタントに力を維持できたのだと思います。

二つ目は「循環」です。一軍の指導者経験のある人が二軍の選手に「一軍ではこういうボールを打てなきゃいけない」「こういう技術を身につけなきゃいけない」と言うと、結構モチベーションに繋がるんですよね。ピッチャーもそうだし、内野・外野も同じ。そういう一軍から三軍までの全選手を、一人のスタッフが関われるような「循環型組織」を作らなきゃいけないと考えました。

そして最後が「共有」です。一軍と二軍では、ピッチャーもバッターもコーチの教え方も違います。二軍でよかったものを、一軍に上がってきた時に「そうじゃなくて、もっとこうだ」ということが多々ありますが、そうすると選手は不安になってしまうんです。だから、一軍から三軍まで情報を共有し、きちんと書類として残しておくようにしました。そのために「巡回コーチ」という制度も導入しています。

東尾　まあ、ソフトバンクほどの巨大戦力だったらな。俺が監督をしていた頃の西武は、巡回コーチなんて置かなくても、隅々まで目が届いちゃっていたから（笑）。それにしても、広岡さんが監督時代の西武で培った経験は、公康が監督になった時に生きたんじゃない？

工藤　それは本当にそう思いますね。

東尾　俺はかなり締め付けられたので、「冗談じゃない！」と思ったけどな（笑）。でも野球の勉強になったことは否定できない。あの経験があったからこそ200勝することができたし、長く野球界に関わっていくことができたんだと思っているよ。

あとがき

この本を書き上げてみて思ったのは「私は自分で考えているよりも、過去に執着しない人間なのではないか」ということだった。敗北の悔しさを起点にしようとしても、いま一つその時の感情が甦ってこない。チームや監督の方針により味わった屈辱もいくつか書き記してみたものの、思い出しても腸《はらわた》が煮えくり返るようなことはなく、それはそれで貴重な経験だったと思えてしまう。優勝決定時の歓喜などはありありと甦ってくるのだが、悔しさはだいぶ薄れてしまっている。

裏返せば、それだけ「負け」を乗り越えることに、持てるすべてを費やしてきたということでもあるのだろう。

すべての工夫や努力が功を奏したわけではなく、むしろほとんどの試行錯誤は報われなかった。糧となったのはごくわずかだが、その糧で私の野球人生は、後悔することなく全うすることができたのだ。

負けからの努力には多くの回り道もあるが、それらは決して無駄ではなく、正しい道が開ける瞬間は必ずある。

本書の中で、西武時代の後輩である工藤公康と話ができたのは、とてもうれしい出来事だった。公康とはプライベートでも何度となく酒を酌み交わしてきたが、正面切ってお互いの野球人生をぶつけ合う機会はめったにない。私よりもずっと長く現役生活を送り、指導者の経験もないまま最強チームの監督を務めた男に聞きたいことはたくさんあったし、そのいくつかを聞き出すこともできた。公康には感謝しかない。

また、本書を上梓するにあたっては、フリーランスライターで編集者の柳瀬徹氏、集英社インターナショナル出版部編集長の本川浩史氏にたいへんお世話になった。記して感謝したい。

最後に、この一冊を読んでくれた人の内側で、「負け」の意味が変わることを願って筆を置く。

2023年9月吉日

東尾 修

編集協力　柳瀬 徹
写真撮影　幸田 森

東尾 修《ひがしお おさむ》

元プロ野球選手・監督。１９５０年、和歌山県生まれ。69年に西鉄ライオンズに入団し、長くライオンズのエースとして活躍した。通算２５１勝２４７敗23セーブ。１９９５～２００１年に西武の監督を務め、二度リーグ優勝へ導いた。２０１０年に野球殿堂入り。13年のＷＢＣ野球日本代表の投手総合コーチに。著書『ケンカ投法』（ベースボール・マガジン社新書）など。

インターナショナル新書一三一

負《ま》ける力《ちから》

二〇二三年一〇月一一日　第一刷発行

著者　東尾《ひがしお》 修《おさむ》

発行者　岩瀬 朗

発行所　株式会社 集英社インターナショナル
〒一〇一-〇〇六四 東京都千代田区神田猿楽町一-五-一八
電話 〇三-五二一一-二六三〇

発売所　株式会社 集英社
〒一〇一-八〇五〇 東京都千代田区一ツ橋二-五-一〇
電話 〇三-三二三〇-六〇八〇（読者係）
〇三-三二三〇-六三九三（販売部）書店専用

装幀　アルビレオ

印刷所　大日本印刷株式会社

製本所　加藤製本株式会社

　Printed in Japan　ISBN978-4-7976-8131-4　C0295

インターナショナル新書

075
ゴミ清掃芸人の働き方解釈
滝沢秀一
田中茂朗

今、必要なのは改革よりも解釈だ！　お笑い芸人とゴミ清掃人というダブルワークを実践する著者がたどり着いたのは数々の「働き方解釈」だった。それは働くことについて悩み考える、すべての人へのヒントとなる。

076
明治の説得王・末松謙澄
言葉で日露戦争を勝利に導いた男
山口謠司

文章で日本を創り、日本を守った男、末松謙澄。大日本帝国憲法を起草し、渡欧して黄禍論に立ち向かうなど世界を舞台に活躍し、日本を近代化に導いた知られざる明治の大知識人の足跡を辿る。

077
アルキメデスの驚異の発想法
数学と軍事
上垣　渉

数学や物理学の理論を「軍事兵器」に活かす実現力と、天秤などのような機械学の知識を「数学」の理論へ活かす応用力を併せ持ったアルキメデス。その生涯を追いながら、豊かな発想力の根源に迫る。

078
カミュ伝
中条省平

コロナ禍において再び大きな話題を呼んだ『ペスト』の作者アルベール・カミュ。彼の波瀾に満ちた生涯と思想・哲学、『異邦人』などの代表作を徹底的に論じる。フランスを代表するノーベル賞作家の決定版評伝。

079
あなたを救う培養幹細胞治療
辻 晋作

次世代成長戦略のひとつとして実用化が促進され、身近な治療となりつつある再生医療。なかでも注目されているのが培養幹細胞治療だ。そのトップランナーが語る、再生医療の最前線と今後の展望。

080
DX時代に考える シン・インターネット
村井 純
竹中直純

新創設、デジタル庁がやるべきことは？「日本のインターネットの父」と「天才プログラマー」が、この国のデジタルの過去と未来、その「かたち」について語り尽くす。インターネットの未来はどっちだ!?

081
しごと放浪記 自分の仕事を見つけたい人のために
森まゆみ

編集者、地域雑誌『谷根千』発行人、書き手として今に至るフリーランスの日々。仕事の一本道、脇道、遠回りの道。思いがけない妊娠、出産、育児を抱え女の人生は割り切れない。切り開いてきた「しごと放浪」の道を自伝的に語る。

082
プロが語る胸アツ「神」漫画 1970-2020
きたがわ翔

「あの漫画のルーツはどこにあるのか」「萩尾望都『半神』が神作品の理由」「『鬼滅の刃』大ヒットの秘密」……。「日本一漫画に詳しい漫画家」が、漫画界に革命を起こした作家たちの作品とその表現方法を解説！

インターナショナル新書

107

独学の教室

読書猿
佐藤優
ほか全14名

なぜ、我々は独学したいのか？　独学の意義と方法から、英語、ビジネス、美術、読書、ノート術、漫画、数学、物理学、はては冒険まで、多彩な執筆陣が寄稿。独りで学ぶことの魅力・意味を探る。

108

悪魔の英語術

黒田莉々

謙譲や尊敬の心を重んずる日本人の「おりこうさん」精神が英語習得を妨げている!?　日本の会社員ヤマトとアメリカ人のＬｉｌｙの会話から、ネイティブのマインドを学びましょう。

109

プーチン戦争の論理

下斗米伸夫

「特別軍事作戦」という名の「プーチンの戦争」が、世界を震撼させている。なぜロシアは、ウクライナへ侵攻したのか？　ロシア研究の第一人者が、新たな「文明の衝突」を解説。入門書にして決定版の一冊。

111

たくましい数学
九九さえ出来れば大丈夫！

吉田武

野心的な数学独学書。ｘやａなどの文字や公式を用いることなく、数字そのものと170点を超える図表によって高校数学を概観。九九から始めて大学入試問題に至るまで、テーマ間の関連と類似を基に話を進める。

インターナショナル新書

117
異性装
歴史の中の性の越境者たち
中根千絵 他

性を越境する異性装になぜ我々は惹かれるのか？　古典文学、歌舞伎、シェイクスピアなどに登場する異性装の意味を読み解き、それらのアニメ、演劇、BLなど現代の文化、ジェンダーへの影響を考察する。

118
あのSFはどこまで実現できるのか
テクノロジー名作劇場
米持幸寿

昭和から平成の人気SF作品に描かれた心躍るテクノロジーの数々を、現代の科学技術で検証。IT化、自動運転、AI技術、音声認識など、テクノロジーの現在地を、名作を振り返りながら検証していく。

119
孤独のレッスン
齋藤 孝
中条省平
ほか全17名

日常の中でふと感じる孤独はどこからやってくるのか。孤独に向き合った作家の評論や、冒険や山小屋生活から得た知見など、総勢一七名の著者が贈る、各人各様の孤独論！　孤独を愉しむためのヒントが満載の一冊。

121
亜宗教
オカルト、スピリチュアル、疑似科学から陰謀論まで
中村圭志

宗教研究者とたどる、人間の〝妄想力〟をめぐる旅路。「亜宗教」とは、「近現代に生まれた非科学的で宗教めいた信念や言説」を指す。亜宗教の数々を取り上げ、「人間にとって〝信じる〟とはどういうことか」を暴き出す。

インターナショナル新書

122
元素で読み解く生命史
山岸明彦

あらゆる物質は元素でできており、生物も例外ではない。生命はどうやって生まれたのか。元素はどのようにつくられたのか……元素に着目し、生命の起源と人類文明誕生の謎に迫る。

126
プーチンの復讐と第三次世界大戦序曲
舛添要一

ロシアのウクライナ侵攻により、核兵器使用の脅威が高まっている。果たして、第三次世界大戦は起こってしまうのか。プーチンという政治家の作法、さらにウクライナ戦争の背景が理解できる決定版の一冊。

127
未来を語る人
ジャレド・ダイアモンドほか
大野和基・編

地球温暖化、感染爆発、国際紛争、そして格差拡大…。世界を覆う難題を解決するのは、資本主義の大改革か、新たなコミュニズムか。いま世界で最も注目されている8人の学者に、資本主義の行方と日本の進路を訊く。

130
ビジネス教養としての最新科学トピックス
茜 灯里

宇宙視点のSDGs、新型コロナのまとめと展望、ChatGPTの危険性など「高い専門性」と「ニュース性」を併せ持つテーマ29本を収録。ニューズウィーク日本版WEBサイト連載「サイエンス・ナビゲーター」を書籍化。